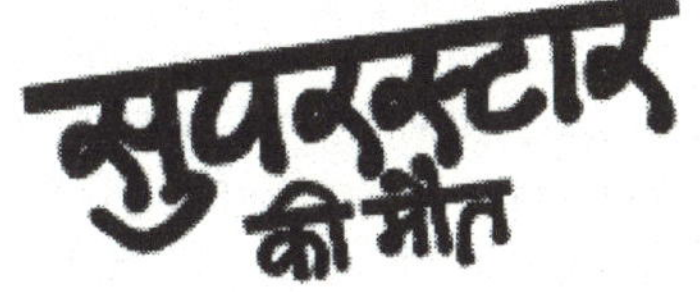

(उपन्यास)

कई कहानियाँ कई भाषाएँ

'एका' शब्द एकता का पर्याय है। इसका तात्पर्य है 'कई' को 'एक' के रूप में समेकित करना। विभिन्न भारतीय भाषाओं की बेहतरीन रचनाओं को संग्रहित करने तथा विभिन्न भाषाओं में पुस्तकों के पठन को बढ़ावा देने के लिए, देश के विचारशील व्यक्तियों की रचनाओं को प्रकाशित करने के उद्देश्य से वेस्टलैंड के इस नवीन भाषाई प्रकाशन-चिह्न को बनाया गया है। एका विभिन्न भाषाओं में अनुवाद तथा अलग-अलग संस्कृतियों एवं पृष्ठभूमि के लेखकों और पाठकों को संबद्ध करते हुए साहित्य को अन्य विविधतापूर्ण व जीवंत भाषाई बाजारों तक पहुंचाने के लिए भी प्रयासरत है। 23 आधिकारिक भाषाओं और 700 से अधिक बोलियों वाले इस देश में अनुवाद केवल ज़रूरत की पूर्ति का साधन नहीं है— बल्कि यह एक तात्कालिक आवश्यकता है।

एका द्वारा दस भारतीय भाषाओं की मूल रचनाओं का प्रकाशन किया जाएगा: जिसमें हिंदी, उर्दू, बंगाली, गुजराती, मराठी, ओडिया, कन्नड़, तेलुगु, तमिल और मलयालम शामिल हैं। यह इन भाषाओं में परस्पर अनुवाद तथा इनके अंग्रेजी में अनुवाद की विविधतापूर्ण किताबों का भी प्रकाशन करेगा। वर्ष 2019 के लिए प्रस्तावित 100 पुस्तकों के प्रमुख लेखकों में मनोरंजन ब्यापारी (बंगाली), सिरशो बंदोपाध्याय (बंगाली), विवेक शानभग (कन्नड़), वसुधेंद्र (कन्नड़), पेरुमल मुरुगन (तमिल), कैफ़ी आज़मी और जां निसार अख़्तर (उर्दू), वोल्गा (तेलुगु), उन्नी आर. (मलयालम), वीजे जेम्स (मलयालम), जॉनी मिरांडा (मलयालम), विश्वास पाटील (मराठी), रणजीत देसाई (मराठी), शिवाजी सावंत (मराठी), पवन के. वर्मा, संजीव सान्याल, अमीश, अश्विन सांघी, चेतन भगत, राजेश कुमार (तमिल) तथा अनु सिंह चौधरी (हिंदी) शामिल हैं।

बीते वर्षों में अनुवादित रचनाओं के क्षेत्र में वेस्टलैंड को आशातीत सफलता प्राप्त हुई है। एका अंतरराष्ट्रीय स्तर पर सर्वाधिक बिकने वाली पुस्तकों के प्रकाशन के महत्वाकांक्षी कार्यक्रम का भी संचालन कर रहा है, जिसके अंतर्गत नोबेल पुरस्कार विजेता उपन्यासकार, काज़ुओ इशिगुरो की पुस्तक *व्हेन वी वेयर ऑर्फन्स* और द *रिमेंस ऑफ* द डे, बड़े पैमाने पर लोकप्रिय स्वीडिश लेखक स्टीएग लार्सन की *मिलेनियम ट्रिलॉजी*, जापानी लेखक केइगो हिगाशिनो की द *डिवोशन ऑफ सस्पेक्ट एक्स* तथा जेफ़री आर्चर की *केन एंड एबेल* शामिल हैं।

इस वर्ष वेस्टलैंड **हिंद युग्म** के साथ *नई वाली हिंदी* के 12 लेखकों की पुस्तकें भी प्रकाशित करेगा। इन सभी लेखकों की कृतियाँ मूल हिंदी की होंगी जिससे 'एका' के पाठकीय संसार को एक नया आयाम मिलेगा।

हम आपको वेस्टलैंड के इस बिल्कुल नए व रोमांचक सफ़र, अर्थात् एका के साथ जुड़ने के लिए आमंत्रित करते हैं।

सुपरस्टार की मौत

रामकुमार सिंह

eka

ह
हिन्द युग्म

eka

First published in Hindi as *Superstar Ki Maut* in 2020 by Eka, an imprint of Westland Publications Private Limited, in association with Hind Yugm

1st Floor, A Block, East Wing, Plot No. 40, SP Infocity, Dr MGR Salai, Perungudi, Kandanchavadi, Chennai 600096

Hind Yugm
201 B, Pocket A, Mayur Vihar Phase-2, Delhi-110091
www.hindyugm.com

ISBN: 9789389648522

10 9 8 7 6 5 4 3 2 1

This is a work of fiction. Names, characters, organisations, places, events and incidents are either products of the author's imagination or used fictitiously.

Printed at Radha Press, Sahibabad

उन सब जवान दिलों को, जो सपना देखते हैं। प्यार करते हैं। बग़ावत करते हैं। दुनिया को रहने के लिए बेहतर जगह बनाने को दिन-रात कोई कहानी सोचते हैं।

“बोलना सीखने के लिए आदमी को दो साल की ज़रूरत होती है, मगर यह सीखने के लिए कि ज़बान को वश में कैसे रखा जाए, साठ साल की आवश्यकता होती है।” - **रसूल हमज़ातोव, मेरा दागिस्तान**

शुरुआत से पहले एक बयान

यह कहानी लिखना मेरी मजबूरी थी।

यह मेरा ही निर्णय था कि मैं कोई नई कहानी नहीं लिखूँगा। मैंने अख़बार की नौकरी करते हुए कहानियाँ लिखीं और कहानियाँ लिखते हुए फ़िल्मों की तरफ़ चला आया। मैं हिंदी साहित्य से प्यार करता हूँ। लेकिन तय किया था कि अब साहित्य का सिर्फ़ पाठक रहूँगा, लिखूँगा नहीं। केवल फ़िल्मों के लिए ही लिखूँगा। यह कोई आसान रास्ता नहीं है फिर भी मैंने ख़ुद इस पर चलना तय किया है। यह कहानी लिखना मेरी मजबूरी थी। मेरा हिंदी साहित्य के आलोचकों से निवेदन है कि इस कहानी को साहित्य में क़तई शामिल न करें।

यह गुरुवार की शाम थी। मेरे पास लेखक मित्र गौरव सोलंकी का फ़ोन आया कि उसके पास कोई निर्माता आया है जो फ़िल्म लिखवाना चाहता है, लेकिन उसके पास समय नहीं है। उसका आग्रह था कि लेखक के दरवाज़े से कोई निर्माता नाउम्मीद नहीं लौटना चाहिए। मैं उससे मिल लूँ। उसके लिए एक फ़िल्म लिख दूँ। सिर्फ़ 'फ़िल्म', तो सोलंकी ने मुझे बताया, निर्माता ने तो उससे यह इच्छा जताई थी कि उसे एक 'सुपरहिट फ़िल्म' लिखवानी है।

निर्माता ने मुझे मुंबई के जुहू स्थित मशहूर होटल जे. डब्ल्यू. मैरियट में बुलाया। मुझे मेरी पसंद की शराब पूछी, जो मैं संकोचवश इतना ही कह पाया, जो वो पिलाएँगे वही पी लूँगा। उसने काफ़ी महँगी सिंगल मॉल्ट मँगाई। हम

कहानी पर चर्चा करते रहे। पता नहीं यह सायास था कि महज़ संयोग, बिल आने से ठीक पहले निर्माता उठकर वॉशरूम चला गया। वेटर ने मुझे बिल थमाया। बिल बत्तीस हज़ार चार सौ तीस रुपए का था। मैं लेखक हूँ। थोड़ा मितव्ययी, थोड़ा कंजूस। इतना बड़ा पेमेंट कर नहीं सकता था। डरा हुआ था कि निर्माता गच्चा देकर निकल गया है। मैं मैरियट में बंधक बनाए जाने का सपना देखने लगा। इंतज़ार के पल बहुत लंबे होते हैं। निर्माता नहीं आया। मैं मन-ही-मन ख़ुद को कोसने लगा कि यहाँ आया ही क्यों था! आ ही गया था तो ओल्ड मोंक से बेहतर और क्या शराब हो सकती थी। कुछ भी हो, एक फ़िल्मी लेखक होने के नाते कभी-कभार मैरियट में रम पीना और एक जने को पिलाना तो मैं भी अफ़ोर्ड कर ही सकता था। सिंगल मॉल्ट पीने का लालच महँगा पड़ा। आज यह बिल मुझे चुकाना पड़ा तो इसका आधा हिस्सा गौरव सोलंकी से लूँगा। उसी ने मुझे इस आदमी के साथ फँसाया है।

उसी वक़्त निर्माता आ गया। उसने माफ़ी माँगी कि उसके पेट में अचानक कुछ गड़बड़ हुई, इसलिए विलंब हुआ। उसने बिल लिया। बेझिझक भुगतान के लिए अपना क्रेडिट कार्ड दिया। वेटर को पाँच सौ रुपए नक़द टिप। मेरी साँस-में-साँस आई।

घर आकर भी नींद नहीं आ रही थी। मेरा डर अब भी अंदर से नहीं निकल रहा था कि आज अगर 32 हज़ार 430 रुपए का भुगतान करना पड़ता तो क्या होता?

रात के दो बज रहे थे। मेरे फ़ोन की घंटी बजी। मैं चौंक गया। इतनी रात को कौन होगा? बेवक़्त के फ़ोन किसी अनहोनी की सूचना देते हैं।

"हम त्यागी बोल रहे हैं सर!" उसकी आवाज़ काँप रही थी, "फ़ोटो जर्नलिस्ट। अविनाश दास के साथ मिले थे एक बार। हमने उनके फ़ोटो भी खींचे थे।"

मुझे याद आया कि वह लगभग हर स्क्रीनिंग और फ़िल्मी इवेंट में हमको मिलता था। इस बात से ख़ुश होता था कि हम पत्रकारिता छोड़कर सिनेमा की तरफ़ आ गए हैं। वह जुनूनी फ़ोटो पत्रकार था। सारे स्कूप उसके पास होते थे। वह रात-रात भर स्टार्स के घरों के बाहर दुबका रहता था और किसी दिन ऐसा कुछ निकालकर लाता था, जिस पर पूरे देश में चर्चा होती थी। बॉलीवुड के

अफ़ेयर की ख़बर हो, चाहे कोई और बात। हंगामा उसी के फ़ोटो से होता था। वह फ्रीलांसर था और मुँहमाँगी क़ीमत पर अपनी ख़बर और फ़ोटो बेचता था। उसने वादा किया था कि वह मेरे भी कुछ ऐसे फ़ोटोग्राफ़्स खींचेगा जो कभी मेरे पीआर के लिए काम आ सकते हैं।

मुझे लगा, क्या इतनी रात गए यह मेरा फ़ोटो खींचने के लिए मुझे बुला रहा है!

"हाँ, त्यागी जी बोलिए?"

"सर, माफ़ करिए! इतनी रात को फ़ोन किया। लेकिन मैं बताना चाहता हूँ कि सुपरस्टार मर गया है।"

मैं चौंक गया। जिस त्यागी को मैं ठीक से जानता नहीं, वह रात को दो बजे मुझे एक फ़र्ज़ी सूचना देने के लिए फ़ोन कर रहा है कि सुपरस्टार मर गया है। मैं कुछ बोलता, इससे पहले त्यागी बोल पड़ा, "मैं जानता हूँ सर आप नहीं मानेंगे। कोई नहीं मानेगा लेकिन कल तीन बजे तक आपको ख़बर मिलेगी कि सुपरस्टार ग़ायब हो गया है। ये सब लोग मिलकर उसकी मौत को रफ़ा-दफ़ा कर देंगे।"

"कौन लोग?" मैंने पूछा।

"सब लोग। इंडस्ट्री के सब लोग। पुलिस वाले और उसके परिवारवाले। ये डिक्लेयर ही नहीं करेंगे कि सुपरस्टार मर गया है। बस यह कहेंगे कि छुट्टी मनाने कहीं गया है।"

"लेकिन इतने बड़े आदमी की मौत को कैसे छुपा सकते हैं?" हालाँकि मुझे यक़ीन था कि त्यागी ने गाँजा पी लिया है या किसी और नशे में है। उसने मेरे मन की बात पढ़ ली और बोला, "मैं जानता हूँ आपको लग रहा है कि मैं नशे में हूँ लेकिन ऐसा नहीं है। मैं जनकल्याण नगर में हूँ। आपके घर के एकदम पास। मैं घर आ सकता हूँ। मरे हुए सुपरस्टार की फ़ोटो दिखा सकता हूँ।"

त्यागी को पता था कि मैं मार्वे बीच पर रहता हूँ। जनकल्याण नगर से कोई दो-ढाई किलोमीटर दूर।

मैंने चांस लिया और कहा, "घर आ जाओ।"

घर आया त्यागी घबराया हुआ था। उसने एक फ़ोटो दिखाई जिसमें सुपरस्टार ने अपने पैंट की जिप खोल रखी थी और कैमरे के एकदम सामने

पेशाब कर रहा था। उसकी आँखों से ही लग रहा था कि वह घनघोर नशे में है।

मेरी आँखें फटी रह गई थीं कि त्यागी ने एक विलक्षण क्षण को कैमरे में पकड़ा था। त्यागी ने उस फ़ोटो की कहानी बताई। परसों रात जब सुपरस्टार की नई फ़िल्म का मीडिया-शो था, वहीं से बात बिगड़नी शुरू हुई। सुपरस्टार को लग रहा था कि उसकी फ़िल्म को मीडिया वाले उड़ाने वाले हैं। वह वहाँ से चला गया और इतना नशा कर चुका था कि जब फ़िल्म ख़त्म हुई तो मीडिया वालों ने उससे बात करनी चाही। बदले में उसने मीडिया के सामने जिप खोलकर मूत दिया। जितने लोगों ने वहाँ यह फ़ोटो खींचा, सुपरस्टार के लोगों ने उनके कैमरे छीन लिए और उनके साथ मारपीट की। वहाँ से भगा दिया।

त्यागी काँपते हुए यह कह रहा था। अब भी डर उसकी आँखों में था। उसने अपना कैमरा चुपचाप बग़ल में पड़ी डस्टबिन में डाल दिया और जब सब लोग वहाँ से चले गए। उसने कैमरा डस्टबिन से बाहर निकाला। उस फ़ोटो को बेचने के लिए 'डेली टाइम्स' में फ़ोन किया।

"यह मेरी अब तक की सबसे महँगी बिकी फ़ोटो थी।" त्यागी ने बताया। "क्रिस्टीना और कपूर के रोमांस की रोमानिया वाली फ़ोटो से भी ज़्यादा महँगी।"

[यह बात सही थी कि इंडस्ट्री में विदेशी क्रिस्टीना और उभरते सितारे कपूर के बीच के रोमांस की पहली तस्वीर उसने ही खींची थी। वह उनको फ़ॉलो करते हुए विदेश तक चला गया था। एक दिन उसे कामयाबी मिली जब क्रिस्टीना को उसने बिकिनी में देखा और उसके पीछे बरमूडा पहने कपूर दौड़ रहा था।]

लेकिन सुपरस्टार का यह वाला फ़ोटो कहीं छपा नहीं था। रातों-रात सुपरस्टार के लोगों ने हर मीडिया और एंटरटेनमेंट पोर्टल्स को फ़ोन करके चेतावनी दी थी कि यह फ़ोटो कहीं भी दिख गई तो उसके पहले ख़रीदार वे लोग हैं। इसके बावजूद किसी ने वह फ़ोटो छाप दी तो उस मीडिया हाउस को बंद ही होना पड़ेगा।

'डेली टाइम्स' ने वह फ़ोटो और ज़्यादा क़ीमत लेकर सुपरस्टार को वापस बेच दी। उसकी डिजिटल कॉपी त्यागी के पास थी और त्यागी उदास था।

"सारा मीडिया बिक चुका है। कोई भी यह फ़ोटो नहीं छापेगा।"

"लेकिन तुम तो कह रहे थे कि तुम्हारे पास उसकी मौत की फ़ोटो है?" मैंने पूछा।

त्यागी मुस्कुराया और बोला, "इसी रात से तो शुरुआत हुई थी। आप सोचिए, जो लोग सुपरस्टार के मूतने की फ़ोटो तक रोक सकते हैं तो क्या वे उसकी मौत की फ़ोटो सामने आने देंगे?"

त्यागी ने अपना कैमरा तिरछा किया। उसके डिजिटल स्क्रीन पर स्क्रॉल करते हुए उसने मुझे कुछ फ़ोटो दिखाए।

सुपरस्टार फ़र्श पर पड़ा था। लहूलुहान! सुपरस्टार मर चुका था। यह बात मुझे गुरुवार की रात को ही पता चल गई थी और बाक़ी लोगों को शुक्रवार को भी पता चलेगा कि नहीं, इसमें संदेह था।

त्यागी ने मुझसे कहा, "उसके पास सारे फ़ोटो हैं। वह कड़ी-से-कड़ी मिला सकता है। आपको यह कहानी कहनी चाहिए।"

उसका कैमरा शहर में हर जगह देख रहा था। वह मुझे इस कहानी को बताएगा। उसे लिखना नहीं आता। इसीलिए उसने मुझे फ़ोन किया था। लिखना तो शायद मुझे भी नहीं आता लेकिन त्यागी का मन रखने के लिए मैंने तय किया कि मुझे अब बैठकर लिखना चाहिए।

1

दो दीवाने शहर में।

एक था लड़का और एक थी लड़की।

आधे घंटे के अंतराल पर उत्तर भारत के दो अलग शहरों से आई रेलगाड़ी से मुंबई के उपनगर बोरीवली स्टेशन के प्लेटफ़ॉर्म नंबर 7 पर उतरे हैं। अँधेरा गहराया है। सुबह होने में अभी वक़्त है। हवा चल रही है इसलिए उमस का अहसास नहीं हो रहा है। शहर सुबह के लिए ख़ुद को तैयार कर चुका है और सड़कों पर हाँफते हुए दौड़ रहा है।

लड़के के दोस्त आकाश ने बताया था कि बोरीवली से उतरते ही स्टेशन की सीढ़ियों पर चढ़कर एक नंबर प्लेटफ़ॉर्म की तरफ़ निकलना है। 269 नंबर की बेस्ट की बस पकड़नी है। मढ मार्केट का टिकट कटाना है। बस से उतरते ही फ़ोन करना है। आकाश ने कहा, वह उसे लेने आ जाएगा।

लड़की को उसकी दोस्त मीनू ने कहा था कि बोरीवली से ऑटोवाले को कहना है कि अँधेरी वेस्ट चलना है। जब वह चलने लगे तो उसको कहना है, वर्सोवा गाँव में यारी रोड, मंदिर-मस्जिद से होते हुए जाना है। उधर, जाते ही एक केले वाला ठेला मिलेगा। उस ठेले वाले से पूछना है, मीनू मैडम का घर किधर है।

दोनों अभी रास्ते में हैं। जब तक ये लोग इस मायावी शहर की महामायावी सड़कों से होते हुए हवा में लटकती सुपर मायावी इमारतों को देखते हुए अपनी पहली मंज़िल पर पहुँचेंगे तब तक अपन जान लेते हैं कि ये हैं कौन और यहाँ

क्यों आए हैं?

लड़का इंजीनियरिंग ग्रेजुएट। साधारण मध्यवर्गीय परिवार का आदमी। जिसको घर वाले इंजीनियर इसलिए बनाते हैं ताकि वह अपने पैरों पर खड़ा हो सके। उसे पैरों पर खड़ा करने के लिए माता-पिता अपने पैरों के नीचे से मिट्टी निकालकर उसके पैरों के नीचे लगाते हैं। उम्मीद करते हैं कि जब वह अपने पैरों पर खड़ा हो जाएगा तो उनकी उधार ली हुई मिट्टी वापस लौटाएगा। सारे माँ-बाप का तो पता नहीं लेकिन लड़के के माँ-बाप ने यही सोचा था। लड़का प्रतिभाशाली था। ग्रामीण प्रतिभावान स्कॉलरशिप उसको मिली थी। वह ज़्यादा दादी के क़रीब था। दादी उसको बेहतर समझती थी। जब कभी उदास और उलझन में होता था, उसका मन बहलाने के लिए इतनी कहानियाँ सुनाती थीं कि लड़के की असली और काल्पनिक दुनिया के बीच एक अंतर धीरे-धीरे बनता गया। लड़के ने देखा कि दादी की कहानियों में जो दुनिया दिख रही है, वह असल दुनिया से कहीं ज़्यादा सच्ची है। लड़का इंजीनियरिंग के फ़ॉर्मूलों के बीच कहानियों की दुनिया में गोते लगाने लगा। अपनी डायरी के पन्नों में कविताएँ लिखने लगा। माँ-बाप इस बात से अनजान थे, वर्ना समय रहते वे इसकी बीमारी का इलाज कर सकते थे, जैसा कि बहुत से माँ-बाप अपने बच्चों का कर देते हैं। संक्रमण इतना फैल गया कि एक दिन उसने हिम्मत करके अपने पिता देवी लाल से कहा-

"मैं मुंबई जाना चाहता हूँ।"

"क्यों?" पिता ने पूछा

"मुझे राइटर बनना है।"

देवीलाल को शक तो था। जहाँ लड़का नौकरी करता था, वहाँ से उसके पास फ़ोन आया था कि लड़का हाथ से निकल रहा है। देवीलाल के पैरों के नीचे से बची-खुची ज़मीन खिसक गई। चेहरा ऐसे उतरा जैसे घर में कोई मौत हो गई हो। देवीलाल ने ढूँढ़कर काँसे की वह थाली मँगाई जो लड़के के पैदा होने पर उसकी दादी यानी देवीलाल की माँ ने बजाई थी। बीच चौक में ले जाकर उसने उस थाली को रखा। उस पर एक मोटा-सा पत्थर दे मारा।

देवी लाल का ग़ुस्सा सब जानते थे। लड़के की दादी यह आवाज़ सुनकर आई। दोनों बाप-बेटे को आमने-सामने देखा। टूटी हुई थाली देखकर दादी

चिल्लाई, "अरे देवीलाल, यह क्या कर दिया?"

देवीलाल रोते हुए बोला, "मेरा बेटा मर गया माँ। उसके पैदा होने पर यह थाली तूने बजाई थी। मैंने इसे तोड़ दिया है।"

दादी बोली, "पागल हो गया है तू! ये तो सामने खड़ा है।"

देवीलाल बोला, "मेरा बेटा तो इंजीनियर था माँ, यह तो कोई राइटर है। क़िस्से-कहानियाँ कहने वाला। यह मेरा बेटा नहीं हो सकता।"

लड़का मर तो उसी दिन गया था जब वह सातवीं क्लास में था। गाँव में कुछ युवा लोग वीसीआर लेकर आए थे। गाँव में बिजली नहीं थी इसलिए बहुत शोर करने वाला जेनरेटर आया था। दिनभर गाँव में चर्चा थी कि शाम को मंदिर के सामने वीडियो चलाया जाएगा। लड़के के लिए यह रहस्य था। उसने कभी स्क्रीन देखा ही नहीं था। वह जानता भी नहीं था नियति उसे किस ओर ले जाएगी। जब शाम को मंदिर के बाहर वीडियो चलाया गया तो स्क्रीन पर चलते हुए चित्र थे और इस तरह का दृश्य वह पहली बार देख रहा था। हूबहू ऐसे ही लोग जैसे उसके सामने थे, वैसे ही लोग एक टेलीविज़न के पर्दे पर दौड़ रहे थे। वह पागल हो गया। कुछ डाकुओं ने एक रेल पर हमला किया था। एक पुलिसवाला दो बदमाशों के साथ रेल में चल रहा था और तब उन्हीं बदमाशों ने कहा था कि, "अब भी वक़्त है, हाथ खोल दीजिए ठाकुर साब।" उसके बाद जय और वीरू ने जो किया, उसकी यादों में हमेशा के लिए अंकित हो गया।

उससे ठीक पहले उसके पागलपन की इंतिहा यह थी कि गाँव में रामलीला देखने वह अपनी माँ के साथ गया था। मंच पर उसने राम, लक्ष्मण और सीता को देख लिया था। उसने मान लिया था कि राम के बारे में जो कहानियाँ वह सुनता रहा है, यह वही राम है। थोड़ी बहुत जो कसर रह गई थी, वह कहानियाँ सुनाते हुए उसकी दादी ने पूरी कर दी थी। लड़के की हालत यह थी कि वह असली दुनिया को कहानी समझ रहा था और कहानी की दुनिया को असली। अब तक वह दुनियाभर के ऐसे ही पागल लोगों के बारे में जान चुका था, जो उसकी ही तरह की दुनिया में जी रहे थे। जैसे एक वक़्त सबकी ज़िंदगी में आता है, जब आप सिर उठाकर अपने पिता से कह सकते हैं, "आपके साथ के लिए शुक्रिया, यहाँ से मैं अपने रास्ते ख़ुद चलूँगा।

आज लड़के का वही वक़्त आ गया था।

इसलिए देवीलाल जब चिल्ला रहा था, उस वक़्त लड़के ने उसकी चीख़-पुकार को नज़रअंदाज़ कर दिया।

उसने मुंबई में अपने एक्टर दोस्त आकाश को फ़ोन लगाया। आकाश ने कहा, "बाप से बचने का दुनियाभर के लौंडों के पास एक ही रास्ता है- घर छोड़ दो। रेल पकड़ लो और यहाँ आ जाओ।"

लड़की बैंक में नौकरी करने वाले जूनियर अफ़सर प्रेम सिंह की बेटी थी। माँ हाउस वाइफ़ थी।

रिटायरमेंट की तरफ़ बढ़ता हुआ सरकारी आदमी चिड़चिड़ा होता जाता है। लड़की का बाप ऐसा ही हो गया था। समाज की मैगज़ीन के लिए वह पैसा देता था और बदले में उसका इंटरव्यू छपता था। इस बार वाले इंटरव्यू में उसने साफ़ कहा था कि अपनी जाति, अपने समाज पर हरेक आदमी को गर्व होना चाहिए। रक्त-शुद्धता सबसे बड़ा मूल्य है। वो समाज के बाहर अपने परिवार की लड़कियों की शादी करने के ख़िलाफ़ हैं। इन्हीं उदात्त मूल्यों की वजह से वह इस बार समाज का चुनाव लड़ना चाहता था। उसने इस बात पर गर्व महसूस किया था कि उसकी दो संतानें हैं, एक बेटा और एक बेटी। बेटी बड़ी है और उसके संस्कार उनके समाज के अनुसार हैं। वह वही करेगी जो उसके परिवार और समाज के हित में होगा। वह कभी अपने माता-पिता की मर्ज़ी के ख़िलाफ़ नहीं जाएगी। वह एक होनहार बच्ची है और एक दिन आईएएस बनकर समाज का का नाम रौशन करेगी। प्रेम सिंह को लगता था कि आईएएस बनना ही समाज की सेवा है। यह कहते हुए वह संकेत दे रहा था कि कोई आईएएस आज ही आकर उसकी लड़की का हाथ माँगना चाहे तो सौदा पट सकता है।

बाप की दुनिया से अलग लड़की की दुनिया में कुछ अलग ही घटित हो रहा था। आज वह जवान थी लेकिन जब बच्ची थी तो घरवालों ने उसे समर थिएटर क्लासेज़ में डाला था। अख़बारों में उन्होंने ऐसा पढ़ लिया था कि थिएटर से पर्सनैलिटी डेवलप होती है। लेकिन लड़की जब-जब अभिनय में आकंठ डूबकर प्यार करने लगी तो प्रेम सिंह को खटका हो गया कि लड़की बिगड़ रही है। उसे डर लगा कि व्यक्तित्व विकास कुछ ज़्यादा ही हो गया है

तो उसे रंगमंच से दूर करना शुरू किया गया। उसकी माँ को बताया गया कि पढ़ाई के साथ-साथ उसे चूल्हा-चौका भी सिखाया जाना चाहिए। जब लड़की ने यह देखा कि घर में उसके साथ धोखा होने लगा है तो उसने घरवालों को धोखे में रखना शुरू किया। घर में लड़की वही करने लगी जो घर वाले चाहते थे लेकिन जब वह घर से बाहर होती तो अपनी दुनिया बना लेती। उसने स्कूल में नाटकों में हिस्सा लिया। कॉलेज में हर कांपीटिशन में गई। बेस्ट एक्टर के अवॉर्ड जीते लेकिन उसकी शाबाशी लेने के लिए कभी घरवालों को उस दुनिया में शामिल नहीं किया।

एक दिन घरवालों की तरफ़ से लड़की को अचानक बताया गया कि उसकी शादी के लिए एक आईएएस अफ़सर मिल गया है।

लड़की ने कहा, उसने अभी सोचा नहीं है कि शादी कैसे और कब करनी है। घरवालों ने कहा, उसे सोचने की ज़रूरत नहीं है। उसे सोचने की इजाज़त नहीं है। इससे बेहतर ज़िंदगी होती नहीं है। हम माँ-बाप हैं, तुम्हारा बुरा नहीं सोचेंगे। लड़की बस यह चाहती थी कि उसे भी तो इस सोचने में साथ रखा जाए लेकिन प्रेम सिंह ने यह अनुमति नहीं दी।

घर में झगड़ा हुआ था। प्रेम सिंह ने अपने बाप होने का फ़ायदा उठाया। नया आदेश जारी कर दिया कि वही होगा जो वह चाहता है। अगले संडे लड़के वाले घर आ रहे हैं।

लड़की उड़ना चाहती थी। उसे लगता था कि उसकी हत्या की साज़िश रची जा रही है। उसकी दुविधा बढ़ गई। दम घुटने लगा। अभिनय उसको थ्रिल करता था। तीन बार नेशनल स्कूल ऑफ़ ड्रामा की वर्कशॉप तक गई लेकिन आख़िरी चयन में पिछड़ गई। उसको ख़ुद पर संदेह भी होने लगा। वह आंशिक रूप से अवसाद में चली गई।

उसको अवसाद से मुक्त करने के लिए एक पुरानी दोस्त ने कहा था, एनएसडी वाले सुंदर लड़कियों को लेते नहीं हैं। वे डरते हैं कि सुंदर लड़कियाँ थिएटर पढ़ते ही हीरोइन बनने के लिए मुंबई भाग जाती हैं। फिर उसने एनएसडी की कई ऐसी लड़कियों की सूची गिनाई कि देख लो उनमें से कोई भी सुंदरता में तुम्हारे या मेरे सामने टिकती है क्या!

और तब उसने एक दिन यूट्यूब पर कंगना रनौट का इंटरव्यू देख लिया।

उसने देखा कि ज़िद करके दुनिया बदली जा सकती है।

तय कर लिया कि कुछ भी हो जाए, उसे टॉप ग्रेड की हीरोइन बनना है। दीपिका, कटरीना, कंगना से भी ऊपर। यह सपना देखना कोई गुनाह नहीं था लेकिन उसे पता था कि उसके घर में इस ख़बर का स्वागत उस तरह से नहीं किया जाएगा जैसा वह सोचती है।

शनिवार की रात अपनी सहेली से मिलने की बात कहकर घर से निकली। लौटकर नहीं आई। माँ को फ़ोन किया। "मुंबई जा रही हूँ। शादी नहीं करनी। मुझे ढूँढ़ना मत। मैं किसी लड़के के साथ नहीं, अकेली घर से भागी हूँ।"

ख़बर जब प्रेम सिंह को मिली, उसको झटका लगा। उसने तुरंत अपने फ़ोन का कैमरा चालू करके सामने लड़की की माँ को पकड़ाया। बोला, "मेरा एक फ़ोटो खींच लो।"

लड़की की माँ को कुछ समझ नहीं आया। बोली, "ऐसा क्या है आपकी शक्ल में कि फ़ोटो खींची जाए?"

लड़की का बाप बोला, "मैं देखना चाहता हूँ कि जिसकी बेटी घर से भाग जाती है, उस बाप की शक्ल कैसी दिखने लगती है।"

प्रेम सिंह यह बात मज़ाक़ में नहीं कह रहा था। वह अंदर से हिकारत से भरा था। उसे लगता था कि जैसे उसकी ही बेटी ने उसे पराजित कर दिया है। उसे लगा कि वह उसकी सबसे बड़ी ग़लती थी जब उनके घर में यह लड़की पैदा हुई। वह ग़ुस्से से उबल रहा था। उस वक़्त उसके हाथ में बंदूक़ होती और सामने उसकी बेटी होती तो वह गोली चला देता। प्रेम सिंह हिंदुस्तान के उन पिताओं का नेता था जो अपनी लड़कियों को पंख तो लगाते हैं लेकिन जब वे खुले आसमान में अपनी मर्ज़ी से उड़ने लगती हैं तो वे उन्हीं पंखों को कुतरने लगते हैं।

उसे लगता था यह फ़ोटो किसी भी संग्रहालय में सुरक्षित रखवानी चाहिए ताकि आने वाले सालों में यह लुटी-पिटी-सी फ़ोटो दिखाकर किसी भी बाप को बेटी पैदा करने से रोका जा सके। लड़की की माँ ने सोचा, बेटी घर से भागी यहाँ तक ठीक था, लेकिन तकलीफ़ यह ज़्यादा थी कि इस पागल आदमी के साथ बाक़ी जीवन बिताना पड़ेगा।

घर से निकलते ही, कुछ दूर चलते ही लड़की ने पहला फ़ोन मुंबई में

अपनी दोस्त मीनू को लगाया कि वह आ रही है। मीनू थिएटर में उसकी साथी थी। बाद में उसने एक प्राइवेट फ़ाइनेंस फ़र्म में नौकरी शुरू कर दी थी। जहाँ उसे पाँच दिन काम करना होता था। अभिनय के पैशन को ज़िंदा रखने के लिए वह शनिवार और रविवार को ऑडिशन देने जाती थी। कभी-कभी थिएटर भी करती थी।

मीनू अक्सर लड़की से बात करती थी। उसने बताया था कि मुंबई देश के दूसरे शहरों से अलग है। यहाँ की नाइट लाइफ़ की ज़्यादा बड़ी बात है कि वह केवल पुरुषों के लिए नहीं है। हम लड़कियाँ आधी रात को इस शहर में अकेली यात्रा कर सकती हैं। हमारी पसंद-नापसंद के आधार पर लोग यहाँ जज नहीं करते। आप क्या खाती हैं, क्या पीती हैं, किसके साथ रहती हैं, इन सब बातों की परवाह यह शहर नहीं करता। मीनू की बातों को सुनते हुए लड़की ने यह सोच लिया था कि जिस तरह की ज़िंदगी वह जीना चाहती है, या जीने का ख़्वाब देखती है, उसमें मुंबई शहर ही उसकी मदद कर सकता है। लड़की के ख़्वाबों के परिंदे उड़ने को बेताब थे और मीनू एक कंपास की तरह उन्हें दिशा दिखा रही थी।

हिंदुस्तान के मिडिल क्लास में लड़का हो या लड़की, जब वे ख़ुद अपना रास्ता चुनने आगे बढ़ते हैं तो उनके पिता पागलों की सी हरकत करने लगते हैं। उत्तर भारत के दो शहरों में दो-बाप एक साथ पागल हो रहे थे। यह उस शाम की बात थी। ठीक अगली सुबह मुंबई शहर की सड़कों पर दो नए स्ट्रग्लर बढ़ गए थे।

लड़की के ऑटो वाले ने कहा, "हम यारी रोड पर हैं मैडम। अब किधर जाने का है ?"

(चूँकि इस कहानी के नायक-नायिका उत्तर भारत के दो शहरों से आते हैं। इसलिए शहरों के नाम यहाँ बताया जाना ज़रूरी नहीं है। बॉलीवुड में किसी भी छोटे या मझले दर्जे के प्रोड्यूसर को कहानी सेट करने के लिए यह भी देखना होता है कि किस राज्य में थोड़ी सब्सिडी का जुगाड़ हो सकता है और कहाँ सैटिंग। बस यूँ मान लीजिए कि हिंदी हार्टलैंड से ये लोग मुंबई आए हैं।)

मुर्ग़े की बाँग थी। मस्जिद से अज़ान की आवाज़। मंदिर की घंटियाँ बज रही थीं। समंदर की हवा महसूस की जा सकती थी। यह मुंबई महानगर का

दिलचस्प इलाक़ा था। सड़क का नाम यारी रोड। इलाक़े का नाम मंदिर-मस्जिद। बस कुछ ही क़दम चलने पर गॉड्स गिफ़्ट टावर नाम की दस मंज़िला रिहायशी इमारत दिखती है। उसके बग़ल से गुज़रती हुई एक पतली सड़क अंदर वर्सोवा गाँव की तरफ़ जाती है। उसके किनारे पर है, अल्मीडा बंगला। रामगोपाल वर्मा की लगभग हर फ़िल्म की एक प्रिय लोकेशन। बंगले के सामने से अंदर घुसते ही वर्सोवा गाँव की रहस्यमयी गलियाँ शुरू होती हैं, जिनमें मुंबई की मछलियाना महक है, बनारस की गलियों का अंदाज़ है। आपको यक़ीन करना होता है कि ईश्वर है। उसने यह ख़बूसरत दुनिया बनाई। पहाड़ बनाए। ऊँची इमारतें बनाई और बाद में जो सामान बच गया उससे उनमें वर्सोवा गाँव की चार से पाँच मंज़िला इमारतें बनाईं, जिनमें न लिफ़्ट लगती है, न फ़ायर ब्रिगेड पहुँच सकती है। फिर भी मछुआरे अपना ट्रक समंदर तक ले जाते हैं। किचन की छौंक, मटन या मछली की ख़ुशबू हवा में रहती है। इन घरों के दरवाज़े अक्सर खुले रहते हैं।

ये गलियाँ भुलभुलैया हैं। आप बिना पैसे वाले माँ-बाप की औलाद हैं, और ग़लती से बॉलीवुड के सपने देखने लगते हैं तो इन गलियों से बार-बार गुज़रना होगा। इन गलियों में जवान लड़के-लड़कियाँ हाथ में वह वाला पत्थर लिए घूमते हैं, जिसे तबीयत से उछालकर आसमान में सूराख़ किया जा सकता है। यह उछला हुआ पत्थर आसमान में सूराख़ करके ज़मीन के गुरुत्वाकर्षण बल से जब वापस नीचे आता है, किसी भी सिर पर गिरता है, वह यक़ीनन फ़िल्म लाइन का कोई स्ट्रग्लर ही होता है।

इन्हीं गलियों में दो-तीन बार दाएँ-बाएँ मुड़ने के बाद एक इमारत में मीनू रहती थी। जैसे गंगोत्री में गोमुख से एक अजस्त्र धार लगातार बहती है, वैसे ही एक धार इस इमारत के कोने में बने टॉयलेट के लीकेज से टप-टप बहती है। वह टप-टप बहता हुआ पानी इस बात की गारंटी है कि दुनिया अभी जल संकट से बची हुई है। जिस दिन यह पानी बंद हो जाएगा उस दिन दुनिया के वजूद पर संकट के बादल मँडराने का संकेत मिल जाएगा। यह समझ में आ जाएगा कि दुनिया भीषण जल संकट में है। यह टपका इसलिए बंद हो गया है कि इस इमारत में दुनिया की तरह पानी ख़त्म हो गया है। इसलिए लोगों ने मूतना बंद कर दिया है। इस लगातार टपके की वजह से नीचे ज़मीन पर काफ़ी कीचड़

हो गया है। गली के एक सिरे पर खुली नाली है। इसलिए इस मूत्राभिषेक से बचते हुए बिना नाली में गिरे और अपने जूते-चप्पलों को कीचड़ से बचाकर पार कर लेने मात्र से राहगीर में आत्मविश्वास भर जाता है। उसे लगता है जैसे उसने मुंबई पर विजय प्राप्त कर ली है।

जब यह बाधा पार कर ली तो लड़की की नज़र सामने कोने पर खड़े केले के ठेले पर गई।

लड़की ने फ़ोन किया। मीनू बाहर खिड़की से झाँकी। आवाज़ लगाई, "आगे से लेफ़्ट में देख, एक छोटा-सा गेट है। उसी को खोलकर सीढ़ियाँ चढ़कर तीसरे फ़्लोर पर आ जा।"

लड़की ने ऐसा मुंबई रामगोपाल वर्मा और अनुराग कश्यप की फ़िल्मों में ही देखा था। आज वह आँखों से देख रही थी। हर मंज़िल पर चढ़ते हुए वह खुले दरवाज़ों से अंदर चलते हुए टीवी देख रही थी, मराठी आवाज़ें आ रही थीं।

तीसरी मंज़िल पर मीनू दरवाज़ा खोलकर खड़ी थी। कई साल बाद दोनों एक-दूसरे को देख रही थीं।

"आ जा मेरी हीरोइन, आ मेरी जानेमन।"

दोनों एक-दूसरे से लिपट गईं। लिपटी भी इतने प्यार से कि उसी वक़्त उनको कोई देख ले तो उनके प्यार को नज़र लग जाए। शायद किसी ने देख भी लिया था।

सुबह हो गई थी। लड़की आश्वस्त थी कि मुंबई शहर में उसे कोई जानता तो है।

2

लड़के की बस मलाड होते हुए मढ के रास्ते पर बढ़ रही थी। इमारतों के जंगल के बाद अचानक से हरा-भरा जंगल दिखने लगा। यह अलग अनुभव है कि आप इमारतों से ऊबने लगते हैं तो जंगल या समंदर दिख जाता है। यह मुंबई शहर का एक लंबा-सा फेफड़ा है। मढ आयलैंड है। वर्सोवा से इस पर नाव से पहुँचा जा सकता है और मलाड होते हुए सड़क मार्ग से।

उसका जिस्म जैसे नम हो गया हो। उसके शरीर के रंध्रों से जैसे थोड़ा-थोड़ा पानी छनकर बाहर आ रहा हो। मुंबई की नमी ऐसी ही होती है। अंदर के पानी को निचोड़कर बाहर निकाल देने वाली। धीरे-धीरे उसकी नाक में एक अजीब-सी गंध घुसने लगी। वह पहली बार ऐसी गंध महसूस कर रहा था। यह बढ़ती गई। इतनी बढ़ी कि लड़के को असहनीय लगी। उसने देखा, मढ मार्केट बस स्टॉप आ गया है। वह इस गंध के बारे में समझ पाता, तीन-चार मछुआरिनें धड़धड़ करती बस में चढ़ीं। उनकी टोकरियों के गागर में सागर भरा था। एकदम ताज़ा निष्प्राण हुए समुद्री जीव, मछलियाँ महक रही थीं।

रात भर रेल में सोने के बाद उसका पेट ख़ाली था, वर्ना उसका मन हो रहा था, उल्टी कर दे। उसे लगा, वह कैसे इस शहर में रह पाएगा। लेकिन लोग कहते हैं, मुंबई शहर नहीं, एक आदत है। मछली की गंध की भी आपको आदत पड़ जाती है। पहली बार बाहर से मढ आने वाला आदमी हमेशा ऐसे ही सोचता है कि कोई कैसे ऐसी जगह पर रह सकता है लेकिन जो लोग वहाँ रहने लगते हैं, उनके पास अपने पक्ष में बहुत सारे तर्क हैं। जिसमें एक यह भी है कि

मछली की यह बू कभी अस्थमा नहीं होने देती। सच्चाई यह है कि मढ मार्केट के मेडिकल स्टोर्स पर अस्थमा के पफ़ ख़रीदते काफ़ी लोग दिख जाते हैं।

मढ गाँव स्ट्रग्लर्स के लिए वरदान है। आमतौर पर यह माना जाता है कि मुंबई में रहना बहुत महँगा है, लेकिन मढ गाँव इस धारणा को चुनौती देता है। यह ईश्वरीय विश्वास की उस कहावत पर चलता है कि जिसने चोंच दी है, वह चुग्गा भी देगा। फ़िल्म इंडस्ट्री से एक नाव भर की दूरी पर मढ टापू बनाकर प्रकृति ने सिनेमा के स्ट्रग्लर्स को रहने का एक सस्ता ठिकाना उपहार में दिया है। इसके नाम में गाँव लिखा जाता है लेकिन इसकी हरकतें एक स्वतंत्र शहर जैसी हैं। यहाँ जिम भी है, क्लिनिक भी। बार भी है, ठेका भी। मंदिर भी है, मस्जिद भी। चर्च तो यहाँ का चर्चित है। यहाँ तालाब भी है, समंदर भी। यहाँ झुग्गियाँ भी हैं, बंगले भी। यहाँ ढाबे भी हैं, डेयरी भी। मढ रहेजा यहाँ की काफ़ी हाई एंड सोसायटी है। जहाँ सितारे भी रहते हैं और स्ट्रग्लर भी।

लड़का बस से उतरा। आकाश को फ़ोन लगाया। आकाश ने फ़ोन उठाया नहीं। फिर लगाया। फिर नहीं उठा। फिर लगाया। आकाश का कोई जवाब नहीं।

उसने मुंबई के बारे में बहुत क़िस्से-कहानियाँ सुने थे कि लोग वहाँ जैसे दिखते हैं, वैसे हैं नहीं। उसे लगा, कहीं वह ग़लत जगह तो नहीं आ गया है। उसके पास तो आकाश का पता तक नहीं है। यह जगह एकदम अजीब-सी है। उसने कहा था, वहाँ पहुँचकर फ़ोन कर देना। उसको पता पूछ लेना चाहिए था। मान लो फ़ोन की बैट्री ख़त्म हो जाए। मान लो नेटवर्क काम न करे। मान लो मेरे ही फ़ोन में बैट्री न रहे। मेरा फ़ोन चोरी हो जाए। मेरे पास तो कोई और जानकार भी नहीं है। मेरी इंजीनियरिंग की पढ़ाई के बावजूद मैंने यह दिमाग़ क्यों नहीं लगाया कि हमेशा प्लान बी पर भी काम करना होता है।

उसी वक़्त फ़ोन की घंटी से वह हड़बड़ा गया।

फ़ोन की दूसरी तरफ़ आकाश था। उसे ग़ुस्सा आया। उसने पहला संवाद बोला, "यार, फ़ोन ही नहीं उठा रहा तू।"

"आदमी हगने भी नहीं जाएगा क्या भाई। तू है कहाँ?"

"मार्केट में बस स्टॉप पर। बड़ी अजीब-सी जगह है यार! बदबू भी है।"

"इस बदबू की अब आदत डाल लो बेटा। आता हूँ तुमको लेने।"

वह इधर झाँक ही रहा था कि उसे एक दढ़ियल और मरियल लड़का दिखाई दिया। उसे लगा, उस पर दया करनी चाहिए। वह लड़का भी उसी तरफ़ देख रहा था। लड़का उसकी तरफ़ देखकर हँसने लगा।

लड़के को अटपटा-सा लगा कि यह कोई पागल है। उसने नज़र हटा ली। नज़र चुरा के देखने लगा। उसी वक़्त उस दढ़ियल ने आकर उसके कंधे पर हाथ रख दिया।

"आ गया मेरा चेखव।"

उसने आवाज़ से पहचाना कि यह तो आकाश है।

"यह कैसी हालत बना रखी है?" लड़के ने पूछा।

आकाश ने बताया कि घबराने की कोई बात नहीं है। वह इस वक़्त एक कैरेक्टर में जीने की कोशिश कर रहा है। एक फ़िल्म में उसे ख़ून तस्कर का रोल मिलने का चांस है। उसी के लिए यह दाढ़ी बढ़ाई है।

"शकल से तो लग रहा है कि तू ख़ुद अपना ही ख़ून बेच रहा है।" लड़का अपने ख़ूबसूरत हीरो जैसे दोस्त की उजड़ी हुई शक्ल देखकर चिंतित था, "इतना दुबला कैसे हो गया?"

इसके बाद आकाश ने उसको जो कहानी सुनाई, उसे किसी भी नए स्ट्रग्लर को नई दुनिया में आने से पहले इंटर्नशिप की तरह लेनी चाहिए। उसने आत्मविश्वास से बताया कि कैसे उसने मौत को मात दे दी? उसको डेंगू हो गया था। डेंगू के दौरान ही उसके शरीर की कमज़ोरी का फ़ायदा उठाकर पीलिया के वायरस ने हमला किया। उसने डटकर मुक़ाबला किया। कुछ दिन दारू से ब्रेक लेकर गाँजे की तरफ़ चला गया। अब उसे लगता है दारू से ज़्यादा वैज्ञानिक, समाजवादी, प्रकृति के क़रीब और हर्बल नशा गाँजा ही है।

अगर इस शहर में लंबा रहने की सोचकर आए हैं तो इन छोटी-मोटी बीमारियों के लिए ख़ुद को तैयार कर लेना चाहिए। जैसे हनुमान जी लंका में माता सीता का पता लगाने गए थे तो देवताओं में बड़ी चिंता हुई थी कि क्या वे सचमुच इतना बड़ा समुद्र लाँघ पाएँगे। समुद्र लाँघ भी गए तो क्या लंका के राक्षसों का मुक़ाबला कर पाएँगे। तो पहले मैनाक पर्वत से उनके आत्मविश्वास की थाह ली, फिर टेस्टिंग के लिए सुरसा को भेजा और फिर अंत में श्रीलंका के दरवाज़े पर लंकिनी नाम़ की राक्षसी को मुक्का मारकर हनुमान जी तीन स्तर

की एंट्रेस परीक्षा में पास हो गए। उसी तरह मुंबई में आने वाले हर स्ट्रग्लर पर यह शहर डेंगू, पीलिया, स्वाइन फ़्लू जैसे वायरसों से हमला कर परीक्षा लेता है कि लड़के में स्ट्रगल करने का कितना हौसला है। आधे लोग इसी में टूटकर वापस चले जाते हैं। तुम बस एक बार पास कर लो, तो यह शहर बाहें फैलाकर कहता है- कल तुम्हारा है जानेमन, काम पर लग जाओ।

लड़के के दिमाग़ में पहली बार संदेह आया कि उसने किसी ग़लत दिशा में तो क़दम नहीं उठा लिया है। जिस दोस्त को वह जामवंत समझकर अपनी बल-बुद्धि की ताक़त का अहसास करना चाहता था, वह तो ख़ुद जर्जर और डरावनी हालत में उससे बात कर रहा है।

उसे अब ख़ुद पर भरोसे के अलावा दूसरी चीज़ें बेमानी दिखने लगी थीं। उसने अपने-आप को भरोसा दिया कि उसके पास प्रतिभा है। उसकी दादी ने उसे कितनी कहानियाँ सुनाई हैं। इंजीनियरिंग की पढ़ाई ने उसको वैज्ञानिक सोच से भरा था, फिर भी सेपियंस के इतिहास में उसे सबसे मज़ेदार आविष्कार यह लगा था कि आदमी ने कहानी कहना सीखा। उसने दादी से छप्पन के अकाल की कहानियाँ सुनी थीं। दादी ने उसे बताया कि जब कभी भूख लगती थी, कई दिन तक खाने को कुछ नहीं होता था, तब रोटी की कहानी सुनकर वह ज़िंदा रहते थे। भूखे आदमी के पास एक रोटी की कहानी न हो तो वह कब तक ज़िंदा रहेगा! कब तक दौड़ेगा! आदमी को अतीत की कहानियाँ सुनकर अच्छा लगता है। वह जब कभी सत्ता में होता है तो वह अपनी कहानियाँ बनाना चाहता है। वह वर्तमान में होता है तो उसकी नज़र भविष्य की कहानियों पर होती है। वह भूतकाल की कहानियों की अपने ढंग से व्याख्या करता है। आग न थी, तब भी आदमी कंद-मूल-फल और कच्चा माँस खाकर ज़िंदा था। पहिया नहीं था, तब भी आदमी पैदल चलकर अपना काम चला लेता था। लेकिन अगर उसके पास कहानी नहीं होती तो वह किस भरोसे पर ज़िंदगी बिताता!

पूरी दुनिया क़िस्सागोई से चल रही थी। एक सरकार भूख की कहानी सुनाकर सत्ता में आती थी। कुछ ही साल में वह सरकार इसलिए गिर जाती थी कि दूसरे लोग रोटी की कहानी सुनाते थे। अचानक उसे लगा कि सारा संसार कहानियों के इर्द-गिर्द ही चल रहा है। दादी ने कहा था, कहानियाँ सोने का ख़ज़ाना हैं। उन्हें कोई लूट नहीं सकता। वे तुम्हारी अपनी होती हैं। उन्हें सुनाकर

तुम आदमज़ाद का वजूद बनाए रख सकते हो। उसने डेविड और गोलियथ की कहानी पढ़ी थी। दुनिया के ताक़तवर और मशहूर लोगों की 7 बेहतरीन आदतों को बारे में जान लिया था। वह अपने इस ज्ञान को, कहानी कहने की कला को लेकर इस शहर में आ गया था। वह जानता था कि कहानी कहकर वह अपनी दुनिया को वैसी बना सकता है, जैसी कहानी की दुनिया होती है। उसमें रहना उसे अच्छा लगता है।

लड़का इस शहर के बारे में कुछ नहीं जानता था। मुंबई शहर के बारे कहते हैं कि सपने देखने वाले हर आदमी को एक बार यहाँ आना चाहिए।

इस शहर में कहानियों का सबसे बड़ा कारोबार है। यहाँ कहानियों की ख़रीद-फ़रोख़्त वैसे ही है, जैसे हम सब्ज़ी मंडी में सब्ज़ियाँ ख़रीदते हैं। यहाँ फ़िक्स्ड प्राइस स्टोर नहीं है। सब्ज़ी वाला अपनी भिंडी को ऑर्गेनिक, देसी, बिना दवाइयों के तैयार की गई और सबसे बढ़िया बताता है। वैसे ही लेखक कहता है, उसकी कहानी मौलिक, हार्टलैंड की, फ्रेश और नए ज़माने की है। जैसे भिंडी को सस्ती हड़पने के चक्कर में ग्राहक कहता है कि भिंडी पुरानी है, पकी हुई है। अपनी बात को साबित करने के लिए वह भिंडी का नुकीला सिरा तोड़कर भी दिखाता है, उसी तरह कहानी का ख़रीदार निर्माता उसमें नुक़्स निकालने की हरसंभव कोशिश करता है। उसे अच्छी भी लग रही होती है तो वह चेहरे पर भाव नहीं आने देता। वह उसे क्लीशे बताता है। अपनी बात साबित करने के लिए दो-तीन पुरानी फ़िल्मों के उदाहरण कोट करता है। वह जब हिट फ़िल्मों से उसकी कहानी की तुलना करता है तो लेखक उत्साहित होकर उसकी हाँ में हाँ मिलाने लगता है। उसी वक़्त ख़रीदार को अपनी बात साबित करने का मौक़ा मिल जाता है कि उसकी कहानी फ्रेश नहीं है, मौलिक नहीं है। उस जैसी कहानी पहले भी कही जा चुकी। लेखक जब तक इस चक्रव्यूह को समझता है, जब तक वह घिर चुका होता है।

यह शहर आधी हक़ीक़त और आधा फ़साना है। यह आधा नींद में रहता है, आधा जागता है। इस शहर में आधे लोग सोते हुए सपने देखते हैं। बचे हुए आधे सपने देखते हुए सोते हैं। इस शहर में आधे लोग सच को झूठ समझ रहे होते हैं, आधे झूठ को सच बनाने के लिए जूझ रहे होते हैं। हर जगह यह शहर आधा बँटा हुआ है। यह आधा पूर्व में है, आधा पश्चिम में। आधा गोरेगाँव पूर्व में है,

आधा पश्चिम में। आधा अँधेरी पूर्व में, आधा पश्चिम में। यहाँ स्टेशन के नाम भी ऐसे ही हैं। यहाँ तक कि यहाँ का एयरपोर्ट भी आधा एक तरफ़ है, आधा दूसरी तरफ़। इसलिए यहाँ के लोग भी वैसे ही हो गए हैं। आधे लोग दिमाग़ से सोचते हैं, आधे लोगों ने दिल को ही दिमाग़ बना लिया है।

शहर ख़यालों की एक मंडी था। अनगिनत कॉफ़ी-शॉप, पंचतारा होटलों में कहानियों के ख़रीदने-बेचने का धंधा तेज़ी से चल रहा था। बहुत जवान लोग इस मंडी में घूम रहे थे। उस उदास और गुमसुम दिख रहे चेहरे से आप उसकी उदासी का कारण नहीं पूछ सकते। उसे डर है कि कोई उसकी कहानी चुरा लेगा। उसने जब से क्रिस्टोफ़र नोलन की इनसेप्शन देखी है, तब से ठीक से सोता भी नहीं है। उसे डर है कि कोई सपने में घुसकर उसका आइडिया चोरी कर सकता है। शहर से बाहर किसी को कहो तो लोग हँसेंगे कि इस शहर में घरों में घुसकर पैसा या सामान चुराने वाले चोरों से ज़्यादा बड़ी संख्या कहानी चोरों की है।

अक्सर ऐसा होता था कि वर्सोवा की गली से लेकर कांदिवाली तक रहने वाला कोई स्ट्रग्लर राइटर अपने फ़ेसबुक पर लिख रहा होता था कि उसकी कहानी चोरी हो गई है। जिसने उसकी कहानी का सौदा कर लिया, वह कोई दलाल था। शुक्रवार को शुरू हुई उसकी यह सुगबुगाहट किसी बड़ी आवाज़ में तब्दील होने से पहले रविवार को फ़िल्म उतरने के साथ लोगों के दिमाग़ से भी उतर जाती थी। शहर में हर आदमी कहानी की तरफ़ होना चाहता था, लेखक की तरफ़ कोई नहीं खड़ा होता था।

इस शहर में कई साल से सिनेमा के मरने की बात हो रही थी लेकिन सिनेमा मर नहीं रहा था। वह पहले सौ करोड़ का हुआ, फिर दो सौ करोड़ होते हुए दो हज़ार करोड़ तक चला गया। सच यह भी था कि बड़े स्टूडियो बंद हो रहे थे, लेकिन कई नए खुल रहे थे। बड़े फ़िल्ममेकर सिनेमा के रास्ते से भटककर वेबसीरीज में ही दुनिया का भविष्य देख रहे थे। स्टारबक्स, कैफ़े कॉफ़ी डे, जेडब्ल्यू मैरियट, लव एंड लाते जैसी जगहों पर मेज़ों के इर्द-गिर्द क़िस्म-क़िस्म के नरमुंड नज़र आते थे। कोई गंजा, कोई झबरीला, कोई गबरू जवान तो कोई मोटी तोंद वाला और कोई ऐसा कि फूँक मारो तो हवा में उड़ जाए। पद्मावती से भी ज़्यादा सुंदर कई लड़कियाँ वहीं बैठी दिख जाती थीं।

वे जब कॉफ़ी पीती थीं तो उनके पारदर्शी गले से वह साफ़ अंदर जाती हुई दिखती थी। कई अराजक-बाग़ी और आत्मविश्वास से लबरेज़ लड़कियाँ, जिनके मुँह से गालियाँ और हँसी ऐसे ऊबड़-खाबड़ मिश्रण में निकलती थी कि जिसका चित्र बनाया जाए तो ऐसा बने जैसे शेयर बाज़ार के चढ़ने-उतरने के दिनभर का ग्राफ़ हो। झुंड-के-झुंड बहुत सारे नरमुंड ब्लैक, व्हॉइट, आइस टी, आयरिश कॉफ़ी में डूबकर कंटेंट नाम की एक चिड़िया को पकड़ना चाह रहे थे। अफ़वाह थी कि मुंबई के बाहर से आए हुए किसी क़स्बाई राइटर के कंधे पर बैठी रहती थी। राइटर जब से ज़्यादा समय इन्हीं कैफ़े में बिताने लगा तो वह एक दिन अचानक से कैफ़े में ही ग़ायब हो गई। कभी वापस बाहर नहीं आई।

कुछ प्रत्यक्षदर्शियों ने बताया कि उन्होंने उस चिड़िया को कॉफ़ी में डूबते हुए देखा है। उसके बाद पता नहीं कहाँ चली गई। हर आदमी कंटेंट वाली चिड़िया को ढूँढ़ने के लिए हमेशा एक कप कॉफ़ी में डूबता था कि शायद ऐसे ही कॉफ़ी पीने के दौरान किसी दिन उसके मुँह में चिड़िया की टाँग आए और वह पूरी चिड़िया को खींचकर बाहर निकाल ले। चिड़िया की तलाश में ये लोग ज्यों ही कॉफ़ी में डूबते हैं तो उनका मुँह हॉलीवुड की तरफ़ निकल जाता है और पिछला हिस्सा बॉलीवुड में रह जाता है। इसी भौगोलिक मजबूरी के चलते वे सब लोग लॉस एंजेल्स से ऑक्सीजन लेते हैं और बॉलीवुड में सिर्फ़ गैस छोड़ते हैं। सारी पटकथाएँ, कहानियाँ, ट्रीटमेंट अँग्रेज़ी में लिख रहे थे। एक दिन तो यह हद हो गई कि एक अभिनेत्री को जब हिंदी में बात करने के लिए कहा गया तो उसने साफ़ मना कर दिया कि चूँकि सब लोग हिंदी नहीं समझते हैं इसलिए वह अँग्रेज़ी में बात करेगी। इस बात को अँग्रेज़ी अख़बार में प्रमुखता से छापा और उसी ख़बर का अनुवाद करके हिंदी वालों ने छापा। हिंदी के लेखकों पर ही नहीं, हिंदी के पत्रकारों पर भी ऐसा दबाव था कि बॉलीवुड की प्रेस कॉन्फ्रेंस में हिंदी में सवाल पूछने से डरते थे।

यह अजब तमाशा था। पूरा धंधा एक उलटबाँसी की तरह चल रहा था। यह रहस्य कोई नहीं जानता था कि हिंदी की फ़िल्म देखने आए दर्शक के सामने स्क्रीन पर हर निर्देश अँग्रेज़ी में होता था। राष्ट्रगीत के सम्मान में खड़े होने का और आग लगने की हालत में से बचकर भागने का भी। दर्शक को कोई फ़र्क़ नहीं पड़ता था कि उसकी भाषा को आग लग चुकी है। अकेले

सिनेमा की हालत ऐसी थी ऐसा नहीं है। हिंदी के नाटक से पहले भी यह घोषणा अँग्रेज़ी में होती थी कि नाटक के दौरान अपना मोबाइल फ़ोन बंद रखें। हिंदी सिनेमा बनाने के लिए भी यह ज़रूरी शर्त थी कि आपको हिंदी नहीं आनी चाहिए। हिंदी जानना यहाँ सबसे बड़ा अभिशाप था। अँग्रेज़ी बोलने वाला गधा भी हर प्रोडक्शन हाउस का बाप था।

इस शहर में हर आदमी के पास भारत से बाहर बनी हुई किसी फ़िल्म का लिंक है, जिसकी नक़ल करके छापने की फ़िराक़ में हैं। उन्हें लगता है कि किसी अँग्रेज़ी, कोरियन, फ्रेंच फ़िल्म से 'इंस्पायर' होते हुए हम लोग उस चिड़िया को वापस कॉफ़ी शॉप से बाहर निकाल लाएँगे। कंटेट को ढूँढ़ने के दौरान जब वे थक-हार जाते हैं और कुछ नहीं मिलता तो अपने ही देश में दक्षिण हिस्से की भाषाओं में बनी हुई फ़िल्मों पर डाका डालते हैं।

वैसे तो कोई उनसे पूछने का साहस नहीं करता लेकिन कभी कोई पूछ ले कि ऐसा क्यों कर रहे हैं ? तो वह कहते थे, सेट-अप तैयार है। आज़माई हुई हिट फ़िल्म है। पैसे छापने से मतलब है। महान कहानियाँ नहीं कहनी हैं। महानताओं को ध्वस्त करते हुए पैसा कमाने वाली कहानियाँ चाहिए। इस जाल में बहुत सारी प्रतिभाएँ नष्ट हो गईं। अपने समय में महान कहानियाँ कहकर भारतीय सिनेमा का चेहरा बदलने वाला बुज़ुर्ग निर्देशक अब दूरदर्शन के धारावाहिकों पर निर्भर था। अपने समय की ज़बरदस्त रोमांटिक फ़िल्में लिखने वाला एक बूढ़ा लेखक सिटी मॉल के सामने वाली गली में अपने एक जर्जर से दफ़्तर में अकेलेपन में उम्र के आख़िरी दिन बिता रहा था। वह हमेशा बड़बड़ाता था कि सिनेमा अब कलाकारों के हाथ से फिसल गया है, दलालों के हाथ में आ गया है। ऐसा कहते हुए वह एक सुपरस्टार का ज़िक्र करता था। उसको हमेशा यह लगता था कि उसी की कहानियों के दम पर आज का सुपरस्टार बना। आज भी उसका स्टारडम बरक़रार है। बूढ़े लेखक ने बहुत सारे अवॉर्ड जीते। ज़िद और जुनून में एक फ़िल्म भी बनाई। उस वक़्त वह हिट नहीं हो पाई लेकिन आज सदाबहार क्लासिक की श्रेणी में आती है। इस फ़िल्म ने उसे हमेशा के लिए तोड़ दिया। आज उसके महीने की कमाई एक रुपया भी नहीं है, जिसके बारे में वह यह दावा करे कि यह लिखने से आई है। एक अधूरी पटकथा उसके दफ़्तर की सेंट्रल टेबल पर पड़ी है। इस पटकथा को वह पूरी करना चाहता

है। एक फ़िल्म बनाना चाहता है। उसे लगता है, फ़िल्म जब तक नहीं बनेगी, उसका मोक्ष नहीं होगा। बूढ़े लेखक की एक हज़ार शिकायतों के बावजूद शहर में जश्न जारी है। यहाँ समंदर की लहरों से ज़्यादा शराबें बह रही थीं।

यह ऐसा ही समय था जब लड़का शहर में आया। शहर का तापमान 31 डिग्री था।

बारिश होने के आसार थे। तूफ़ान की चेतावनी थी। लगातार हो रही बारिश के बाद अख़बारों में पर्यावरणविदों के हवाले से बड़े फ़ीचर थे कि बीस साल में यह शहर डूब जाएगा।

वह नहीं जानता था कि शहर में लेखक के जीने के नियम क्या हैं। उसे नहीं पता था कि उसका लेखक होना इस शहर की जीडीपी में कितना योगदान देता है। लेखकों की ही कल्पनाओं में रची गई दुनिया का कारोबार करोड़ों में था। इस शहर ने लेखक को 'सुपरमैन' बना दिया था। सिनेमा के हर कॉरपोरेट दफ़्तर से लेकर हर नुक्कड़ तक लोग उसके बारे में बात करते हैं।

कहानियाँ बेचने वाले लोगों के लिए वही एकमात्र चमत्कारी आदमी है। उनको बस पता चलना बाक़ी था कि जो कंटेंट नाम की चिड़िया उनके सिनेमा से ग़ायब हो गई है, वह कैसे उसके भीतर फड़फड़ा रही है!

उसके दिल के भीतर गहरे राज़ दफ़्न हैं। कितनी हत्याएँ, कितने अपहरण, कितनी डकैती, कितनी राजनीति, कितना डर, कितनी कुंठा, कितना असुरक्षाबोध और कितना प्यार? जो कुछ संसार में हो सकता है या होने वाला होता है, कभी जब लड़का इन सब के बारे में सोचने लगता था तो काँपने लगता था। उसे लगता था कि अब जो भीतर फड़फड़ा रहा है, उसे बाहर निकाल देने से ही उसको राहत मिलेगी।

बॉलीवुड के हर दफ़्तर और कॉरपोरेट ऑफ़िस में चर्चा थी कि उसके पास कुछ चमत्कारी शक्ति है। वह सिर्फ़ हवा खाकर ज़िंदा रह सकता है। वह कोई एलियन है। अपने पुरखों से बात कर सकता है। भविष्य देख सकता है। आने वाले संकट की चेतावनी दे सकता है। वह ध्वनियों को पहचानता है। वह जिधर देखता है, रौशनी हो जाती है। उसे अनाज, दूध, चिकन, मटन किसी चीज़ की ज़रूरत नहीं होती। हाँ, कोई पिला दे तो कभी-कभी शराब पी लेता है, गाँजा भी पी सकता है। ऑटोवालों और बिल्डिंग्स के गाड्र्स से माँगकर कभी खैनी भी

खा लेता है। सब कहते हैं, उसके पास कुछ ऐसा जादू है कि वह किसी को भी अमीर बना सकता है और यह भी कि लेखक को अपना घर चलाने के लिए पैसे की ज़रूरत ही नहीं है। वह किसी के लिए भी मुफ़्त में काम कर सकता है।

लड़का अपने बारे में फैल रही इन सब अफ़वाहों से बेख़बर था।

वह अपने रहने का एक स्थायी ठिकाना ढूँढ़ने के लिए संघर्ष कर रहा था। आकाश ने उसे कह दिया था कि जब तक नया घर नहीं मिल जाता, तब तक वह बिना किसी संकोच के उसके साथ रह सकता है लेकिन इस बात का मतलब यह भी निकलता था कि उसे नया घर तो ढूँढ़ना ही है। वह हमेशा तो आकाश के साथ नहीं रह सकता।

3

मीनू के पास उसके दोस्त राहुल का फ़ोन आया था कि फ्राइडे की शाम को 'हाउस पार्टी' है और अंकुर मटन बनाएगा। म्यूज़िक वाला सौरभ भी होगा। कुछ गाना-बजाना होगा, क़िस्से-कहानियाँ होंगी। नेटवर्किंग का इससे बढ़िया अवसर और क्या हो सकता है?

अब अगर आपकी दिलचस्पी यह जानने में है कि राहुल, अंकुर, सौरभ और उस दिन शाम को उस पार्टी में आने वाले लोग कौन हैं? तो यह जान लीजिए कि मुंबई की मुख्यधारा की दुनिया के लिए ये लोग कुछ नहीं हैं। साधारण वर्कर हैं। इनमें कुछ दस से छह की नौकरी में हैं। कुछ सब कुछ हैं। कभी वे मौक़ा मिलने पर एक-दो दिन के लिए अभिनय करते हैं। कभी किसी प्रोडक्शन के साथ दो महीने के लिए जुड़ जाते हैं। यह सिनेमा की दुनिया के दिहाड़ी मज़दूर हैं। इनमें ज़्यादातर के दिमाग़ में एक कहानी और पटकथा घूम रही होती है, जिस पर वे एक दिन इस शहर को फ़तह करने का सपना देखते हैं। इनको थोड़ी और प्रतिष्ठा अगर आप देना चाहते हैं तो ऐसा कह सकते हैं कि ये वर्सोवा की गलियों से निकलकर यारी रोड तक पहुँच गए सीनियर स्ट्रगलर हैं। इन सबके पास एक सपना है।

मोबाइल टावर का नेटवर्क फ़ेल हो सकता है, लेकिन फ़िल्म लाइन का नेटवर्क चौबीस घंटे काम करता है।

फ़िल्मी दुनिया में दो तरह की हाउस पार्टीज़ होती हैं। कामयाब लोगों की फ़ाइव स्टार हाउस पार्टी और स्ट्रगलर्स की ओल्ड मोंक (मोंक नहीं मंक होता

है लेकिन मंक कहने में मज़ा नहीं आता) हाउस पार्टी। कामयाब लोग इसलिए पार्टी करते हैं कि उन्हें अपनी कामयाबी को दूसरों को दिखाने की और उसे बचाए रखने की कोई वजह चाहिए। स्ट्रग्लर्स इसलिए पार्टी करते हैं कि उन्हें अपने स्ट्रगल को छुपाने और उम्मीदों को बचाए रखने के लिए कोई वजह चाहिए।

यह पार्टी मुकेश के घर थी। मुकेश संगीतकार है। कुछ फ़िल्मों में उसने काम किया है। कुछेक और करने वाला है लेकिन इस शहर में अपनी परफ़ॉर्मेंस से ख़ुश नहीं है। अंकुर बहुत अच्छा गिटार बजाता है। मटन भी उतना ही अच्छा पकाता है। उस पर हमेशा एक दबाव रहता है कि अगर मटन लोगों को पसंद नहीं आया तो उस बकरे की क़ुर्बानी बेकार चली जाएगी, जिसने इन लोगों के थाली में स्वाद भरने मात्र के लिए जान दे दी। इसलिए यह काम वह किसी दूसरे के भरोसे नहीं छोड़ता। यह अलग प्रतिभा है, जिसके लिए इस शहर में लोग आपको याद करते हैं। इस इंडस्ट्री में जिन दिनों में कोई काम नहीं होता, तो लोग खाने के बारे में बात करके काम चला सकते हैं। वे किसी ऐसी पार्टी को याद करते हैं, जिसमें अंकुर ने बढ़िया मटन पकाया था। एक घंटा उस मटन के स्वाद पर बात करके बिताया जा सकता है। जब चर्चा शुरू हो ही जाती है तो सिर्फ़ अंकुर के मटन तक नहीं रहती। यह लखनऊ के टुंडे कबाब, जयपुर के कल्लू की निहारी या मुग़ल दरबार, हैदराबाद की बिरयानी और जोगेश्वरी की गलियों और यारी रोड पर आकर ख़त्म होती है।

ऐसे पार्टी में हर बार कोई नया मेहमान जुड़ता है। कोई पुराना ग़ायब होता है। ग़ायब हो गए आदमी का ज़िक्र इस पार्टी में कभी गर्व और कभी जलन का विषय होता है। तीन साल पहले जो आदमी इन हाउस पार्टियों में आया करता था, उसकी पिछली फ़िल्म के बाद वह कामयाब लोगों की हाउस पार्टी में घुस गया है। या आज जो लड़की हीरोइन बनकर सुर्ख़ियाँ बटोर रही है, इसी घर में उसने एजाज़ भाई के हाथ बना मटन बहुत खाया है। एजाज़ भाई वापस लौटकर अपने गाँव चले गए हैं। इस शहर से कैफ़ी आज़मी की तरह कामयाब होकर गाँव की ओर कोई नहीं लौटता। एजाज़ भाई की तरह थककर लौटने वाले हज़ारों हैं।

आज पार्टी में मीनू के साथ लड़की सज-धजकर आई है। वह उतनी ही

सुंदर दिख रही है जितना एक अभिनेत्री को दिखना चाहिए। उसके लिए यह एकदम नई दुनिया है। उसके चेहरे पर मुंबई के स्ट्रगल की रत्तीभर छाया नहीं है। सिनेमा की मंडी में आया एकदम ताज़ा और मासूम टैलेंट। किसी की भी नज़रें उस पर जाकर टिक जाएँ।

वह यहाँ की हाउस पार्टीज़ के बारे में ज़्यादा कुछ नहीं जानती। मीनू ने भी ज़्यादा कुछ नहीं बताया।

लड़की को देखते ही महफ़िल में रौनक़ आ गई है। जब उससे उसकी पसंद का ड्रिंक पूछा गया तो बोली, वह शराब नहीं पीती। सिगरेट नहीं पीती और नॉन वेज भी नहीं खाती।

मीनू ने कहा, "किसी दिन तो शुरुआत करेगी डार्लिंग। यूँ समझ ले आज पहला दिन है।"

लड़की ने मना कर दिया, "मैं उस टाइप की नहीं हूँ। मुझे यह सब पसंद नहीं यार।"

मीनू थोड़ी असहज हुई। उसे हाथ पकड़कर खींचकर अंदर के कमरे में ले गई और बोली, "यह शहर तुम्हारी पसंद से नहीं चलता जानेमन। यहाँ के कुछ उसूल हैं। टैलेंट थोड़ा ऊपर-नीचे चलेगा लेकिन क़ायदे-क़ानून इस शहर के ही चलेंगे। नेटवर्किंग के बिना कुछ भी नहीं है।"

"लेकिन उसके लिए पीना ज़रूरी है क्या?" लड़की ने अपना पक्ष रखा, "और तुम तो कहती थी कि यहाँ कोई आपको खाने-पीने के आधार पर जज नहीं करता!"

"बिलकुल नहीं। लेकिन अगली बार तुमको अपने घर में कोई अपना चखना खाने तो नहीं बुलाएगा न। अँग्रेज़ी में कहावत है कि When in Rome, do as the Romans do."

"लेकिन मुझे यह सब ठीक नहीं लगता।"

"लेकिन करना पड़ता है ना। ख़ुद को इन फिज़ूल-सी कुंठाओं से मुक्त करो बेबी जान। वर्ना मेरी तरह देर-सबेर बैंक में या कॉल सेंटर में नौकरी देखनी पड़ेगी।"

"क्या मतलब है तुम्हारा?"

"मैं एक बार के. गोमा से मिली थी और उसने मुझे एक गुरु मंतर दिया

था। मैं पछता रही हूँ कि मैंने उनकी बात नहीं मानी।" मीनू ने मुंबई में अपने पैरों में आकर उलझ गए अवसर को ठुकराने वाले क्षण को कोसा, जब उसके दिमाग़ पर दिल हावी हो गया था। वह तुरंत कोई निर्णय नहीं ले पाई थी।

के. गोमा का नाम सुनते ही लड़की की आँखें चौड़ी हो गईं।

के. गोमा इस वक़्त बॉलीवुड का ब्लॉकबस्टर डायरेक्टर है। उसकी हर फ़िल्म हिट है। उसने जिस पर हाथ रख दिया वह सीधा रॉकेट बन जाता है। आसमान की बुलंदियों पर पहुँच जाता है।

"तुम के. गोमा से मिल चुकी हो?" लड़की को अब भी यक़ीन नहीं था।

मीनू लड़की को इस बात का यक़ीन दिलाना चाहती थी। उसने अपने फ़ोन के स्क्रीन को खोला और के. गोमा का नाम और नंबर दिखाया। उसने दिखाया कि उसकी गोमा से व्हॉट्सएप पर चैट भी हुई है। लड़की तो मीनू की मुरीद हो गई।

"तुम लोगों की कोई बात हुई थी?"

"हाँ, हुई थी और मैं के. गोमा से मिली भी थी।"

"तुम मुझे के. गोमा का नंबर दे सकती हो?"

"वह हर तीन महीने में अपना नंबर बदल लेता है बेबी। मैं तो एक कास्टिंग एजेंसी के रेफ़रेंस से मिलने गई थी। तब मैंने पूछा था कि टॉप की हीरोइन बनने का कोई मंतर दीजिए मुझे।"

"क्या मंतर दिया था तुमको?"

"गोमा सर ने कहा, टैलेंट तो बहुत लोगों के पास होता है लेकिन अपनी देह को मुक्त छोड़ देने का साहस बहुत कम लड़कियाँ करती हैं। अपनी देह को बॉलीवुड में ऐसे छोड़ देना चाहिए जैसे कोई मछली पानी में तैर रही हो। उसे सारे डर, सारी कुंठाओं से मुक्ति होती है। यही तो समंदर का नियम है। कभी वह शिकार कर लेती है। कभी शिकार हो जाती है।"

"तुम्हारा मतलब 'कास्टिंग काउच' से है?"

"बहुत मतलब समझ रही हो जानेमन। मैं बात को कविता में सुनाना चाह रही हूँ। तुम अब गद्य में सुनना चाहती हो?"

"हाँ, मैं गद्य में सुनना चाहती हूँ।"

"तो सुनो। गोमा ने मुझे कहा, टॉप हीरोइन बनने का एक ही मंतर है कि

अपना अँगूठा अपनी अंडरवियर के इलास्टिक में फँसाकर रखो, ताकि कभी-कभार कुछ समय मिल जाए तो उसे पहन भी सको।"

इस लाइन का मतलब समझने में लड़की को कोई बीस सेकेंड लग गए। ज्यों ही उसे मतलब समझ में आया, वह सन्न रह गई। उसे लगा जैसे उसका दिमाग़ फट जाएगा।

बाहर पार्टी रंग पर आ चुकी थी। मारूआना (Marijuana) का धुआँ अंदर तक कमरे में आ रहा था। गिटार के तार झंकृत थे और इब्ने इंशा के शब्द और अंकुर की पुरकशिश आवाज़ थी- *"ये बातें झूठी बातें हैं, ये लोगों ने फैलाई हैं। तुम इंशा जी का नाम न लो, क्या इंशा जी सौदाई हैं।"*

दोनों लड़कियाँ बाहर आईं। मीनू ने मुकेश के हाथ से गाँजे से भरी हुई सिगरेट ली। ज़ोरदार कश खींचा। भीतर तक महसूस किया, फिर धीरे-धीरे नाक से धुआँ छोड़ते हुए ख़ुद को लिबरेटेड महसूस किया।

लड़की ने बिना कुछ सोचे-समझे सामने रखी बीयर उठाई। गटागट करके पूरा मग ख़ाली कर दिया। एक ज़ोरदार डकार मारी।

ठीक उसी वक़्त दरवाज़े पर ज़ोर से धक्का लगा। आकाश के साथ लड़के ने घर में प्रवेश किया।

आकाश और मीनू पुराने दोस्त थे। दोनों कई ऑडिशन पर एक साथ मिलते रहते हैं। हाउस पार्टीज़ में भी। मीनू ने साथ आई लड़की से परिचय कराया। आकाश ने साथ आए लड़के से।

लड़के और लड़की की आँखें टकराईं। एक-दूसरे की तरफ़ देखकर दोनों मुस्कुराए। बीयर का गिलास हाथ में थामे वह लड़की, लड़के के कलेजे में अंदर तक धँस गई। ऐसे लगा जैसे उसकी साँस बंद हो जाएगी। उसके राइटर दिमाग़ में एक किरदार बन गया। उसने लड़की की कहानी सोचना शुरू कर दिया।

पार्टी में कोई नहीं जानता था कि लड़का आँखों से काजल चुरा रहा है। उनकी नाक के नीचे से एक बीयर पीती हुई ख़ुद को आज़ाद कर चुकी लड़की की कहानी सोच चुका है। वह उसके प्लॉट-प्वॉइंट सोचने लगा है। ख़यालों की दुनिया से वह लौटकर आया तो उसके सामने यक्ष प्रश्न आया कि वह शराब कौन-सी पिएगा?

"थोड़ी व्हिस्की, थोड़ा सोडा, थोड़ी बर्फ़, थोड़ा पानी दुनिया के दूसरे लेखकों की तरह वह अराजक होने में यक़ीन नहीं करता था। उसे सब कुछ संतुलित चाहिए था। शराब भी। सोडा, पानी और बर्फ़ भी।

लेकिन लड़की थी कि दूसरी बीयर पी गई थी। के. गोमा को अपना आदर्श निर्देशक मानती थी। उसके बारे में सुनकर उसका दिल बैठ गया। वह सदमे से उबरना चाहती थी या सदमे के साथ ख़ुद को एडजस्ट करना चाह रही थी।

लड़के ने उसके टूटे हुए दिल की छाया आँखों में देख ली। अब वह अपना दिल वहाँ रखने की जगह देखने लगा।

पार्टी ख़त्म होते-होते लड़की ढेर हो गई, उसकी दोस्त मीनू भी। ऐसा नहीं कि बेहोश हो गई हों। वे उस मुद्रा में पहुँच गई थीं कि उनको अगर पेरिस से राफ़ेल विमान उड़ाकर भारत लाने की ज़िम्मेदारी सौंपी जाती तो भी वे मना नहीं करतीं लेकिन वीरा देसाई रोड से वर्सोवा तक वे इस नशे में ठीक-ठाक पहुँच जाएँगी, इसमें संदेह था।

ऐसे ही संदेह के अवसरों पर स्ट्रग्लर्स के जीवन में हीरो बनने का मौक़ा मिलता है। पर्दे पर उनको कौन इतना अवसर देता है। आकाश के मढ वाले घर का रास्ता वर्सोवा से होकर भी गुज़रता है। रात को एक बजे तक नाव से समंदर पार करके आप चार मिनट में मढ पहुँच सकते हैं।

आकाश ने उन्हें अपने साथ चलने का प्रस्ताव दिया। लड़कियाँ तैयार हो गईं।

एक ऑटो में तीन ही लोग बैठ सकते हैं तो दो ऑटो की ज़रूरत पड़ी। मीनू के साथ आकाश बैठा। लड़के के साथ लड़की।

रास्ते में दोनों ने एक-दूसरे की कहानी भी समझ ली और टेलीफ़ोन नंबर की अदला-बदली कर ली। लड़के को यह भी पता चल गया कि लड़की सुपरस्टार की फ़ैन है। उसका एक ही सपना है कि वह के. गोमा की फ़िल्म में काम करे और सुपरस्टार उसका नायक हो। वह इन दोनों की हर फ़िल्म फ़र्स्ट डे, फ़र्स्ट शो देखती है। उसे इस बात की शिकायत भी है कि सुपरस्टार और के. गोमा दोनों एक साथ काम क्यों नहीं कर रहे हैं। कल सुबह उसकी नई फ़िल्म का पहला शो है। लड़का सुपरस्टार का फ़ैन नहीं है लेकिन उसे लगता है, लड़की के साथ फ़िल्म देखने का मौक़ा मिलने वाला है। उसने झूठ

बोला कि वह भी सुपरस्टार का फ़ैन है। जब लड़की ने देखा कि लड़का भी सुपरस्टार के फ़ैनडम में है तो उसने दिल के बंद दरवाज़े की कुंडी खोल दी। लड़के ने धीरे से उसके एक किवाड़ को खिसकाया और सिर को अंदर फँसाने की कोशिश करने लगा। किसी के दिल में अपना दिल रखकर आना कितना मुश्किल वाला काम है, लेकिन यह काम करने निकल पड़ो तो बहुत आसानी से होता है। लड़की को पता था कि वह ज़बरदस्ती घुसने की कोशिश कर रहा है। उसने उसे दिल रखने दिया। बस इतना ध्यान रखा कि वह उसकी धमनियों का ख़ून न पीने लगे। उस वक़्त और साहस का इंतज़ार करने लगी कि जब वह कोई ग़लती करे तो वह उसे बाहर निकालकर फेंक सके।

4

लड़के और लड़की की मुलाक़ात से कुछ समय पहले की बात है।

सुपरस्टार का यह ख़राब समय था। वह यह समझ खो चुका था कि उसे किस कहानी पर दाँव खेलना चाहिए। के. गोमा उसको इंडस्ट्री में लॉन्च करने वाला पहला आदमी था लेकिन अब दोनों के ईगो इतने बड़े हो चुके थे कि फिर से उनके साथ आने की अटकलें हर बार लगती थीं लेकिन बाद में वह सब ख़बरें अफ़वाह साबित होती थीं।

सुपरस्टार ने सारे तिकड़म करके देख लिए। वह किसी भी तरह इस बार मात नहीं खाना चाहता था। उसने इस बार छोटे बजट में लगातार हिट देने वाले निर्देशक पर भरोसा किया। यह निर्देशक हार्टलैंड की कहानियों का जादूगर था। सबको लगता था कि यह दो ज़बरदस्त प्रतिभाओं का मिलन है।

इस बार यूँ लग रहा था कि सब कुछ ठीक-ठाक चल रहा है। बस एक तनाव ज़रूर था। या ऐसे कहिए कि तनाव से ज़्यादा भागदौड़ थी। सुपरस्टार की फ़िल्म रिलीज़ होने को थी। यह समय सबसे ख़तरनाक होता है। हर कट और स्क्रीनिंग के बाद आपका भरोसा डगमगाने लगता है। यही वह समय होता है, जब प्रतिभाएँ भी चमत्कार और भाग्य पर भरोसा करने लगती हैं। अपनी कुंडली लेकर पंडितों के आगे-पीछे चक्कर काटने लगती हैं।

पिछली तीन फ़िल्में लगातार फ़्लॉप होने के बाद उस पर दबाव था। यह फ़िल्म गिरनी नहीं चाहिए। डर बढ़ता जा रहा था। सुपरस्टार ने अगले साल के लिए जो ब्रांड एंडोर्समेंट किए थे, वे सब रिव्यू होने की कगार पर थे। उसकी मार्केट वैल्यू गिरती जा रही थी। अब वह सफलता की गारंटी नहीं रह गया था।

ऊपर से डिस्ट्रीब्यूटर्स ने हंगामा मचा दिया।

अब तक सुपरस्टार हर फ़िल्म को मनमर्ज़ी की क़ीमत पर बेचता था। उसे बस अपना मुनाफ़ा देखना होता था। सारे गणित लगाकर वह अपनी फ़िल्म की डील करता था। अपनी इमेज और ब्रांड वैल्यू से वह वितरकों को ब्लैकमेल करता था। दीवाली, क्रिसमस, 15 अगस्त, 26 जनवरी आदि सारे प्राइम स्लॉट सुपरस्टार की मर्ज़ी से चलते थे।

लेकिन सब कुछ हमेशा एक ही आदमी की मर्ज़ी से नहीं चल सकता। इस बार सब वितरकों के व्हॉट्सएप ग्रुप में 'संगठन में ही शक्ति है' नाम की कहानी तेज़ी से फैल रही थी। उसमें आँकड़े थे कि सुपरस्टार कैसे उन लोगों की बिज़नेस प्रतिस्पर्धा का फ़ायदा उठा रहा है। वह हर फ़िल्म से कमा रहा है। वे हर फ़िल्म में नुक़सान में जा रहे हैं। यह आँकड़ा इतनी तेज़ी से फैल गया कि रिलीज़ के ठीक पहले वितरकों ने प्रेस कॉन्फ्रेंस कर ऐलान कर दिया कि सुपरस्टार की मिनिमम गारंटी का रिव्यू होना चाहिए। पिछले नुक़सान की थोड़ी बहुत भरपाई अगर नहीं होती है तो यह फ़िल्म उठाना उनके लिए मुश्किल हो जाएगा। हमेशा सुपरहिट की गारंटी वाला सुपरस्टार अब टिमटिमाता-सा तारा बनता जा रहा था। उसके पिछले अठारह साल के सुपरहिट करियर में पहला मौक़ा था कि फ़िल्म के वितरक उसको आँख दिखा रहे थे। पिछली फ़िल्म के गिरने के बाद वितरकों ने कह दिया कि वह अब बॉक्स-ऑफ़िस पर गारंटी नहीं रहा। उनके कुछ घाटे की भरपाई सुपरस्टार को करनी चाहिए। उसके स्टारडम पर प्रश्न उठाने वाले वितरकों पर उसे ग़ुस्सा था। उस वक़्त उसने कोई माँग नहीं मानी थी।

लेकिन अब ऊँट पहाड़ के नीचे आ गया था। फ़िल्म रिलीज़ से पहले वितरकों से सौदेबाज़ी में उलझ गई। वितरकों ने कहा, अब सुपरस्टार की कहानियाँ बासी लगने लगी हैं। उसकी फ़िल्मों में अब मज़ा नहीं आता।

सुपरस्टार को कोई ऐसे कैसे कह सकता है?

वह ग़ुस्से से पागल हो गया। मीटिंग बीच में छोड़कर चला गया।

वह भूल गया कि इस मीटिंग के बाद उसे फ़िल्म के ट्रेलर लॉन्च की इवेंट में पहुँचना है। मीडिया उसका इंतज़ार कर रहा है। सुपरस्टार ने घर जाकर आठ-दस लाइनें कोकीन खींच ली। कमरे का एसी उसके पसीने को कम नहीं कर पा

रहा था। वह ग़ुस्से से लाल था। अपने बाथरूम में घुसा और शावर चलाने लगा।

वह अपने संघर्ष के दिन भूल गया था, जब एक चौराहे पर उसे के. गोमा मिला था। अब उसे लगता था कि उसकी प्रतिभा पर कोई सवाल कैसे उठा सकता है। उसके पास सब कुछ आ गया था, लेकिन सच सुनने का साहस ख़त्म हो गया था।

अचानक उसे चक्कर आया। वह गश खाकर वहीं बाथरूम में गिरा। उसने नल को पकड़ने के लिए हाथ मारा लेकिन सिर सीधा दूसरे कोने में लगे कमोड से जा टकराया। चलते हुए शावर के बीच अब उसने ख़ुद को बचाने की कोशिश छोड़ दी और निढाल हो गया।

सुपरस्टार के घर के हर कोने का फ़ोन घनघना रहा है। जुहू के एक मल्टीप्लेक्स में पिछले एक घंटे से उसका इंतज़ार हो रहा है। उसकी नई फ़िल्म का ट्रेलर लॉन्च होने वाला है। मीडिया वाले बेसब्र हो रहे हैं।

पत्रकार दोस्ती दिखाने का भ्रम ज़रूर करते हैं लेकिन जब कोई उनको इंतज़ार करवाता है तो उनका तीसरा नेत्र खुल जाता है। पत्रकारों से दोस्ती निभाने का वचन कभी नहीं लेना चाहिए। वह उसके डीएनए में नहीं होता, बशर्ते वह पत्रकार हो। इस इंतज़ार के बाद पत्रकारों ने सुपरस्टार को अपनी सहानुभूति न देने का मन बना लिया था। वे डिस्ट्रीब्यूटर्स की तरफ़ होने का मन बना चुके थे।

आधे घंटे तक सुपरस्टार बाथरूम से बाहर नहीं आया तो पीआर असिस्टेंट ने उसकी पत्नी से कहा, "मीडिया में फ़िल्म को लेकर नेगेटिव माहौल बन रहा है। एक बार आप बात करिए। बहुत देर हो चुकी है।"

सुपरस्टार की पत्नी की चीख़ निकल गई। शावर से पानी बह रहा था। सुपरस्टार बाथरूम में पसरा पड़ा था।

उसके पर्सनल डॉक्टर्स की टीम सुपरस्टार को सामान्य करने की कोशिश कर रहे थे। शाम हो गई। तब तक सुपरस्टार सामान्य बातें करने लगा।

तब तक मीडिया वाले जा चुके थे। नेगेटिव ख़बरें आनी शुरू हो चुकी थीं कि अपनी अगली फ़िल्म से ख़ुद सुपरस्टार ख़ुश नहीं है। सवाल उठाए जा रहे थे कि शायद इसीलिए उसने ट्रेलर लॉन्च का इवेंट अटेंड नहीं किया। और तो और सुपरस्टार की दोस्त समझी जाने वाली पत्रकार अनन्या ने भी अपने

ट्विटर हैंडल पर लिख दिया, सुपरस्टार की अगली फ़िल्म को लेकर सब कुछ ठीक-ठाक नहीं है।

इस ट्वीट के ज़्यादा गहरे अर्थ निकाले गए। अनन्या आमतौर पर सुपरस्टार के ख़िलाफ़ नहीं लिखती थी।

पीआर टीम ने डैमेज कंट्रोल करने के लिए सुपरस्टार के अकाउंट से ट्वीट किया कि एक दवा के रिएक्शन की वजह से उसे कुछ दिक़्क़त हुई थी। चीज़ें सामान्य हैं। वह मीडिया से माफ़ी चाहता है कि जल्दी ही सबसे फिर मिलेगा।

अनन्या से नाख़ुश सुपरस्टार ने बॉलीवुड गॉसिप की अम्मा मालती को फ़ोन लगाया, जो मुंबई के सबसे बड़े अख़बार 'डेली टाइम्स' की एंटरटेनमेंट एडिटर थी। उसके पास हर ख़बर थी और ख़बर को दबाने का तरीक़ा भी।

मालती को सुपरस्टार ने कह दिया था कि यह फ़िल्म उसके करियर की टर्निंग प्वॉइंट है। उसे कोई लफड़ा नहीं चाहिए। मालती ने हाथ खड़े कर दिए कि सोशल मीडिया और अफ़वाहों के ज़माने में वह असहाय है। वह ख़बरें नहीं रोक सकती। उसने तो उल्टे चेतावनी और दे दी कि असली ख़बरें आनी अभी बाक़ी हैं। उसे जल्द-से-जल्द डैमेज कंट्रोल करना चाहिए, वर्ना बात हाथ से निकलते देर नहीं लगेगी।

और उसी समय टीवी एंकर्स को जैसे अलादीन का चिराग़ मिल गया हो जिसे घिसते हुए वे गॉसिप पर अगला महीना निकाल सकते हैं। उसने चिल्लाकर कहा कि सुपरस्टार की अगली फ़िल्म के रिलीज़ पर संकट के बादल हैं। पिछली तीन फ़िल्मों की नाकामयाबी ने वितरकों को सुपरस्टार के साथ डील करने का मौक़ा दे दिया है।

सुपरस्टार फँस चुका था। उसे इस जाल से बाहर निकलने के लिए एक नई कहानी की तलाश थी। वह अपने बिज़नेस सलाहकार टीम के लोगों के साथ बैठा था। उसे बार-बार ग़ुस्सा आ रहा था। हर सलाह पर वह बहुत ज़्यादा नाराज़ हो रहा था। उसकी टीम ने उसे आराम करने की सलाह दी और कहा कि इस मसले को वे लोग हल कर लेंगे। उन्हें बस आराम की ज़रूरत है। ज़ाहिर था, इतना सब हंगामा होने के बाद वह तो नहीं होना था जो सुपरस्टार चाहता था। लेकिन आसमान से छलांग लगाने के बाद आप पैराशूट के लिए मोलभाव नहीं कर सकते।

5

भारत विभाजन के समय चारों तरफ़ मार-काट मची थी। लोग मरे, और जो ज़िंदा रह गए, उनके दिलों पर एक स्थायी ज़ख़्म हमेशा के लिए रह गया। उन लोगों में एक बच्चा था, जो सिर्फ़ इसलिए ख़ुशक़िस्मत था कि पूरे परिवार के मारे जाने के बावजूद वह ज़िंदा बच गया था। उसका परिवार लाहौर से भागा था। घर के सारे लोग अमृतसर पहुँचने से पहले दंगाइयों के वहशीपन का शिकार हो गए। बच्चा लेकिन हिम्मतवाला था। दस-बारह साल की उम्र थी। कई ठिकानों से होते हुए एक दिन वह मुंबई की रेल में था। वह रेल आज मुंबई आती है। उस रेल में कई और लोग ऐसे बैठकर आए जो बाद में इसी शहर में रह गए। मुंबई शहर कब से ही ऐसा ही था कि जो आया इसी का होकर रह गया। उसने चाय की दुकान पर काम करते हुए पेट पाला। अठारह साल का भी नहीं था कि चाय वाले सेठ ने उसको इसलिए नौकरी से निकाल दिया कि वह हर ग्राहक को क़िस्से सुनाने लगता था। गिलास उठाना, चाय पकड़ाना भूल जाता। उसकी कहानियों में अलिफ़-लैला-सा जादू था। एक बात में उलझी हुई दूसरी बात। दुकान पर आने वाले ग्राहकों को चाय से ज़्यादा मज़ेदार उसके क़िस्से लगते। इसलिए चाय पीने के बजाय वे उसकी कहानियाँ सुनते रहते। चाय वाले सेठ की दुकान पर भीड़ तो बहुत आती लेकिन उनमें ग्राहक बहुत कम होते। उसने इस लड़के को नौकरी से निकाल दिया। दुकान पर चाय पीने एक गैराज का मालिक आता था। वह वहीं पर सिगरेट भी पीता था और बच्चे की बातें सुनता रहता था। गैराज का मालिक उसकी क़िस्सागोई का दीवाना

था। एक दिन जब वह बच्चा नहीं दिखा तो उसने चाय वाले सेठ से पूछा था कि वह लड़का कहाँ है ? उसे पता चला कि लड़के को नौकरी से निकाल दिया है तो उसे ढूँढ़कर उसने अपने गैराज पर क्लीनर की नौकरी दे दी। गाड़ियों को आगे-पीछे करने की क़वायद ने उसे ड्राइविंग सिखा दी। लड़का जवान हो गया। अब उसके क़िस्से भी जवान हो गए।

उस गैराज पर अक्सर एक आदमी आता था, जिसकी हमेशा पुरानी गाड़ियों में दिलचस्पी होती थी। वह हर जर्जर कार को ख़रीद लेता था। लड़के को कभी समझ में नहीं आया कि इतनी गाड़ियों का यह आदमी करता क्या है। एक दिन उस आदमी की गाड़ी पर कपड़ा मारते हुए उसने कहा, "जब पाकिस्तान से भाग रहे थे तो माँ ने मुझे कहा था, कभी बहुत उदास या बहुत ख़ुश मत होना। जब तुम्हारे पास रोटी हो, तो भूख से डरना और भूखे रहो तो रोटी की उम्मीद कभी मत छोड़ना। लेकिन आप तो पुरानी गाड़ियाँ सब ख़रीद लेते हैं। करते क्या हैं ?"

उस आदमी के चेहरे पर मुस्कुराहट आई। उसकी बात उसके दिल को छू गई थी। उसे लगा, इतने समझदार लड़के को मोटर गैराज में नहीं होना चाहिए।

"गाड़ी चलाना जानते हो ?" उस आदमी ने लड़के से पूछा।

"थोड़ी बहुत जानता हूँ। थोड़ी बहुत सीख सकता हूँ।" लड़के ने कहा।

"मेरे यहाँ काम करोगे ?" उस आदमी ने कहा।

अब लड़के को पता चला कि जिस आदमी ने उसे गैराज से उठाया है, वह बहुत बड़ा फ़िल्म निर्माता है। अगली फ़िल्म के स्टंट्स के लिए वह हर तरह की गाड़ियाँ ढूँढ़ रहा था। ज़ाहिर है, नई गाड़ियों को वह उड़ा नहीं सकता था।

लड़का अब एक बड़े फ़िल्म निर्माता का ड्राइवर था। वेतन ज़्यादा मिल रहा था। वह निर्माता का एहसानमंद था। वह चुपचाप अपना काम करता था। देखते-देखते वह फ़िल्म की यूनिट में घूमने-फिरने लगा। लोगों से उसकी जान-पहचान शुरू हो गई।

लेकिन दिक़्क़त यह हो गई कि जब से वह ड्राइवर बना, उसने क़िस्से सुनाना बंद कर दिया। निर्माता की कार में बहुत बड़े-बड़े लोग चलते थे। जब वे बात करते थे तो यह अच्छा नहीं माना जाता कि ड्राइवर बात करे। उसकी ज़बान धीरे-धीरे उसके भीतर ही घुटती गई।

निर्माता की अगली कहानी म्यूज़िकल थी। संगीतकार-गीतकार की पूरी टीम के साथ वे म्यूज़िक सिटिंग के लिए मुंबई के नज़दीक ही अपने फ़ार्म-हाउस में जा रहे थे। संगीतकार पूरे रास्ते धुन सुनाता जा रहा था। गीतकार उस पर गाना लिखने के लिए जूझ रहा था। निर्माता हर बार गीतकार की लाइनों पर बहुत ख़ुश नज़र नहीं आ रहा था। संगीतकार का भी यही हाल था, लेकिन गीतकार को कोई कुछ भी कैसे कह दे। यह तो ख़यालों की खेती है, कोई आइडिया अच्छा लग सकता है, कोई नहीं। गीतकार भी जानता था कि चाहने से गाना नहीं आएगा। वह आएगा तो ऐसे एकदम से आएगा जैसे आँख में पानी आता है, जैसे गाय के थनों में दूध आता है।

जब तक फ़ार्म-हाउस पहुँचे, सब लोग थक चुके थे। निर्माता ने बंगले पर मौजूद काम करने वाले मियाँ-बीवी को पहले ही आगाह कर दिया था कि रात को पार्टी है। फ्रेश मछलियाँ, शिकार से आए कुछ जलीय पक्षी और चिकन आदि बनाने की तैयारी कर रखी थी। निर्माता ने अपने ड्राइवर से कहा, वह खाना बनाने में उनकी मदद करे।

निर्माता ने देखा कि उसका ड्राइवर बेहद तल्लीन होकर काम कर रहा है। शराब के हल्के सुरूर के बीच थोड़ी देर बाद उसकी नज़र अपने ड्राइवर पर गई। वह किचन में काम कर रहे दंपती के साथ घुलमिल गया था। वे तीनों किसी बात पर हँस रहे थे। निर्माता को वह सब याद आया कि उसने अपने ड्राइवर की किस ख़ूबी से प्रभावित होकर उसे नौकरी पर रख लिया था। उसने सबको बताया। ड्राइवर को बुलाया और कहा, "कोई कहानी सुनाओ।"

ड्राइवर को बुरा लगा। वे सब लोग पार्टी कर रहे थे। उसे महज़ मनोरंजन के लिए एक जोकर समझकर बुला लिया था।

उसने कहा, "मैं अपनी सब कहानियाँ भूल गया हूँ।"

निर्माता ने कहा, "कोई कहानी कैसे भूल सकता है!" वह समझ गया कि उसको बुरा लगा है। निर्माता लोगों को समझने की ग़लती नहीं करता था। एक गिलास में व्हिस्की डाली और पैग बनाकर ड्राइवर की तरफ़ बढ़ा दिया। ड्राइवर कुछ समझ पाता उससे पहले ही निर्माता ने कहा, "रात को गाड़ी चलानी नहीं है, दो पैग लो, तुम भी मज़े करो भाई।"

ड्राइवर का खोया हुआ सम्मान वापस लौट आया। और उसके बाद

उसके क़िस्सों का सिलसिला शुरू हुआ। सब लोग अभिभूत थे। ड्राइवर आँख बचाकर एक बड़ा-सा पैग और खींच गया। उसकी ज़बान लड़खड़ाने लगी।

निर्माता को नज़र आ रहा था कि वह अपनी सरहद से आगे बढ़ने का सिलसिला शुरू कर चुका है। उसने उसे वहाँ से जाने और खाना खाकर सो जाने के लिए कह दिया।

लेकिन ड्राइवर के ज़ेहन में नशा तारी था। वह दिमाग़ी तौर पर इतना खुल चुका था कि उसने निर्माता की उस हिदायत की ज़रा-सी भी परवाह नहीं की। उल्टे उसने अपने आप जाकर बोतल को हाथ में पकड़ लिया और नया पैग बनाने के लिए आगे बढ़ा। निर्माता ने आगे बढ़कर उसका हाथ पकड़ लिया।

"तुम्हें बहुत हो गई है। अब जाओ और सो जाओ।"

"लेकिन आप लोग तो पी रहे हैं?"

इस सवाल का निर्माता के पास कोई जवाब नहीं था। यह साफ़ बदतमीज़ी थी। एक पूरी टीम के सामने अपने ड्राइवर की इस हरकत से निर्माता थोड़ा झेंप गया था।

"लेकिन अब तुम्हें जाना होगा।" निर्माता ने आवाज़ में मज़बूती लाकर कहा।

"क्यों जाना होगा? जब आप इस आदमी को पूरे दिन से झेल रहे हैं और यह आदमी एक लाइन नहीं लिख पा रहा है, आपने उसको तो नहीं कहा?" उसने निर्माता की टीम में साथ आए गीतकार को निशाने पर ले लिया।

"तुम्हें पता भी है तुम क्या कर रहे हो?"

लेकिन तब तक वहाँ बैठे हर आदमी को यह लगने लगा था कि शराब अपना काम कर रही है। निर्माता से सबने कहा, "आपको इसे दारू नहीं पिलानी चाहिए थी।"

इतना सुनकर तो ड्राइवर और भड़क गया। अब वह अपने सेठ की तरफ़ हो गया। उसने कहा, "और आप लोगों को दारू क्यों पिलानी चाहिए? आप लोगों को शर्म नहीं आती! एक गाना लिखने के लिए आप इतनी दूर आ गए। शराब पी रहे हैं। सेठ जी का पैसा उड़ा रहे हैं।"

"तुम्हें क्या लगता है कि गाना ऐसे ही लिखा जा सकता है?"

अब ड्राइवर की बारी थी। अल्कोहल के शरीर में जाने के बाद उसे

ब्रह्मज्ञान हो गया था। उसकी इतने दिनों से दबी हुई आवाज़ अचानक मुखर हो गई। वह अपने मालिक प्रोड्यूसर के पास गया। उसके कान में धीरे से कहा, "आपका गीतकार बेवक़ूफ़ है। सीधे-सादे प्यार की बात पकड़ नहीं पा रहा है।"

निर्माता जैसे-तैसे इस मामले को निपटाना चाहता था। यह पता नहीं था कि वह कब क्या हरकत कर बैठे। निर्माता ने उसे चुप रहने की चेतावनी दी।

लेकिन संगीतकार बीच में बोल उठा, "जो बात गीतकार ने नहीं पकड़ी, तुमने पकड़ ली?"

ड्राइवर लड़का पूरे रास्ते वह संगीतकार से धुन सुनता हुआ आ रहा था। उसने पूरे विश्वास से कहा, "हाँ, पकड़ ली है, आप कहो तो गाना सुनाऊँ?"

अब मज़े लेने की बारी संगीतकार की थी। उसने नाराज़ निर्माता को धीरे से कहा, "सर, सुनाने दो। अपना भी मनोरंजन हो जाएगा। गाने दो इसको।"

यह दृश्य, आमतौर पर ऐसा ही था, जैसे अमीर आदमी अपने रुतबे और धन के बल पर ग़रीब और ज़रूरतमंद को अपने मनोरंजन के लिए कहीं भी इस्तेमाल कर ले।

उसने धुन पर गाना शुरू किया।

गीतकार का चेहरा देखने लायक़ था। संगीतकार उसे ख़ारिज करने का बहाना सोचने लगा। निर्माता ख़ुद नहीं जानता था कि वह क्या सोच रहा था। ड्राइवर था कि इश्क़ की साधारण-सी बात को अपने ही ढंग से गाए जा रहा था, भले ही किसी को समझ आए या न आए। एक शराबी जैसे प्रलाप कर सकता है। ड्राइवर का प्रलाप चलता रहा। वे तीनों लोग उसे सुनते रहे।

जब वह चुप हुआ, तो पूरी महफ़िल में सन्नाटा था।

निर्माता महफ़िल से उठकर चला गया। उसने डिनर भी नहीं किया। जब निर्माता चला गया, तब बाक़ी लोग एक-दूसरे का मुँह देख रहे थे।

गीतकार ने कहा, "मुझे तो भूख लगी है। खाना खाए बिना मुझे नींद नहीं आएगी।"

सुबह हुई तो ड्राइवर का सिर भारी था। प्यास के मारे गला सूख रहा था। उसे धीरे-धीरे कुछ याद आया तो वह चौंककर बिस्तर से उठ बैठा। अब उसे टुकड़ों में रात की स्मृतियाँ आ रही थीं और वह उन्हें जोड़कर रात के हंगामे

और घटनाक्रम को समझने की कोशिश कर रहा था। अब उसके दिमाग़ में रात की घटना ने एक आकार ले लिया था और वह किसी भी आदमी से नज़र मिलाने की स्थिति में नहीं था। उसे नहीं पता था कि उसे अब क्या करना चाहिए।

वह जब उठकर बाहर आया तो सब लोग वापस लौटने की तैयारी कर रहे थे। ड्राइवर का माथा ठनका। वह जानता था कि पूरे वीकेंड यहीं रुकने का प्लान था। यह भी तय था कि काम पूरा होने पर ही लौटेंगे।

उसने गाड़ी में सामान रखते हुए निर्माता को देखा। निर्माता ने उसको।

निर्माता एकदम चुप था। ड्राइवर उसके सामने हाथ जोड़े खड़ा था।

"सर, बहुत बड़ी ग़लती हो गई। मैं दारू कभी-कभी ही पीता हूँ। मुझे चढ़ गई थी। मैंने रात को आपके राइटर साब को गाली दी थी। माफ़ी चाहता हूँ।"

निर्माता चुप था। उसकी तरफ़ देखा भी नहीं।

"सर, मानता हूँ, मुझसे तो ग़लती हुई लेकिन दारू तो आपने ही पिलाई थी।"

एक सन्नाटा था। फ़ार्म हाउस के नौकर लोग सामान वापस गाड़ी में रख रहे थे।

निर्माता ने बिना उसकी तरफ़ देखे सबसे कहा, "म्यूज़िक सिटिंग कैंसिल है, हम सब लोग वापस बॉम्बे चल रहे हैं।"

ड्राइवर जब गाड़ी की तरफ़ बढ़ा तो निर्माता ने उसके हाथ से चाबी छीन ली और कहा, "पीछे जाकर बैठो। कल ऑफ़िस आकर हिसाब कर लेना।"

ड्राइवर को पता था कि इस अपराध की सज़ा मिलनी ही थी। उसने ज़िद नहीं की। चुपचाप पीछे जाकर बैठ गया। उसकी आँखें नम थीं।

निर्माता ख़ुद गाड़ी चलाने लगा। पूरे रास्ते किसी ने किसी से कोई बात नहीं की। ड्राइवर की ज़िंदगी में इससे लंबी यात्रा कोई नहीं थी। सफ़र इतना लंबा लग रहा था जैसे धरती से चलकर सब लोग चाँद की तरफ़ जा रहे हैं।

अगली सुबह ड्राइवर निर्माता के दफ़्तर पहुँचा तो सब लोग उसे आश्चर्य से देख रहे थे। वह झेंप गया कि सबको उस रात का क़िस्सा पता चल गया है। यह तो होना ही था। उसकी वजह से सारा प्रोग्राम गड़बड़ हुआ। उसके लिए दफ़्तर में आख़िरी दिन था। अब वह ख़ुद को और परेशान नहीं करना चाहता

था। इसलिए बिना किसी संकोच के रिसेप्शनिस्ट ने उसे अकाउंटेंट के पास भेजा। उसके नाम के दो लिफ़ाफ़े रखे हुए थे।

एक में उसका महीने का वेतन था और दूसरे में उसके वेतन से तीन गुना बड़ा चेक। अकाउंटेंट ने कहा, "इस काग़ज़ पर साइन कर दीजिए।"

"क्या है ये?" उसने पूछा।

"अरे, यह राइटर एग्रीमेंट है। आपको किसी ने बताया नहीं कि आप सर की अगली फ़िल्म के गाने लिख रहे हैं।"

अँधेरी वाले सिटी मॉल के सामने लिंक रोड है। उसी से एक गली अंदर की तरफ़ मुड़ती है। लड़का अपने गूगल मैप्स पर एक जगह को ढूँढ़ने की कोशिश कर रहा है। यहाँ एक अस्सी साल का बूढ़ा रहता है। आज वह अकेला इस दफ़्तर से बेदख़ल किए जाने का मुक़दमा लड़ रहा है। वह किसी से नहीं मिलता। यह वही लेखक है, जो कभी एक चाय की दुकान पर काम करता था, फिर गैराज में गया, ड्राइवरी करते हुए लेखक बना और आज मरणासन्न हालत में है। उसे अब फ़िल्म इंडस्ट्री में कोई नहीं पूछता। यह दफ़्तर उसे उसी निर्माता ने रहने और काम करने के लिए दिया था और यह लिखकर दिया था कि जीते जी उसे वहाँ से कोई नहीं निकाल सकता। बाद में निर्माता के निधन के बाद उसके बच्चों ने बूढ़े लेखक को वहाँ से बेदख़ल करने की कोशिश की और लेखक ने कोर्ट से स्टे ले लिया। और दरवाज़े पर लिखवा दिया था कि शाम को मिलने आएँ तो अपनी ओल्ड मोंक साथ लेकर आएँ। इस शहर में हर नए लेखक के लिए इस बुज़ुर्ग लेखक के दफ़्तर के दरवाज़े खुले हैं लेकिन मिलने कोई नहीं आता।

लड़का उससे मिलने आया है। हाथ में ओल्ड मोंक रम की बोतल है।

6

सुपरस्टार के दफ़्तर में तनाव कम हो गया था। मार्केटिंग टीम ने एक ऐसा ड्राफ़्ट बना लिया था जिससे यह तय हो गया था कि बात ऐसे किसी निर्णय तक पहुँच सकती है कि दोनों पार्टियों का नुक़सान न हो। ज़ाहिर है, सुपरस्टार ने अपना हिस्सा घटाया था। सार्वजनिक रूप से यह दर्शाया गया कि पूरी फ़िल्म इंडस्ट्री एक परिवार की तरह है। इसलिए दोनों को ही एक-दूसरे की परवाह करनी होगी।

सुपरस्टार और डिस्ट्रीब्यूटर्स की तरफ़ से एक संयुक्त बयान आया कि मीडिया में आ रही ख़बरें अफ़वाह हैं। फ़िल्म अपने तय समय और स्क्रीन्स में रिलीज़ होगी। उनको उम्मीद है, यह एक सुपरहिट फ़िल्म होगी। इस ख़बर के पीछे एक प्रीव्यू शो का हवाला था जिसमें सुपरस्टार के फ़िल्म इंडस्ट्री के सारे दोस्तों ने यह फ़िल्म देखी थी। उन्होंने इतना ट्वीट किया था कि ट्विटर पर #SuperStarIsBack #TigerRoarsAgain #KingIsBack ट्रेंड करने लगा। अचानक से सुपरस्टार की फ़िल्म के ट्रेलर के व्यूज़ भी बढ़ने लगे। ट्रेलर ट्रेंड करने लगा।

ट्रेलर का ट्रेंड ऐसा था कि सुपरस्टार का खोया हुआ आत्मविश्वास लौट आया। उसे यक़ीन हो गया कि इस फ़िल्म को अब कोई रोक नहीं सकता। ट्रेलर ट्रेंड की कामयाबी से ख़ुश होकर सुपरस्टार ने जुहू वाले सेवन स्टार होटल में सक्सेस पार्टी दे दी। वह इंतज़ार नहीं करना चाहता था।

आकाश का एक दोस्त ट्रेलर काटने वाली कंपनी में काम करता था। वह

उस पार्टी में बुलाया गया था। उसने आकाश को बुलाया। आकाश ने लड़के से कहा, "चल, तुझे असली बॉलीवुड की असली वाली पेज थ्री पार्टी दिखाता हूँ।"

लड़के को पहली बार एहसास हुआ कि इस शहर को मायानगरी क्यों कहते हैं?

यहाँ सब कुछ मायावी था। ख़ूबसूरत लड़के, ख़ूबसूरत लड़कियाँ, बेहतरीन शराब और बेशुमार खाना। लड़का एक के बाद एक शराब पीता गया। उसने हर बार अलग शराब को चखा। जो पसंद नहीं आई, उसे बिना पिए वापस रखा।

जब सुपरस्टार अपनी ही मेज़बानी वाली पार्टी में पहुँचा, लड़का अपनी लिमिट से ज़्यादा द्रव्य ग्रहण कर चुका था। साहित्य में जिसे ब्रह्मानंद सहोदर सुख कहा गया है, वह उस अवस्था पर पहुँच चुका था। पीछे से समंदर की लहरों की आवाज़ और अच्छी लग रही थी। होटल में सब कुछ रंगीन दिख रहा था। उसे लग रहा था, जैसे वह किसी वंडरलैंड पर है।

ठीक उसी वक़्त उसके भीतर की साम्राज्यवाद विरोधी चेतना जागी। उसे सुपरस्टार दिखाई दिया जो अपने दोस्तों के साथ गले मिल रहा था। फ़ोटो खिंचवा रहा था और पार्टी में आने के लिए सबका आभार व्यक्त कर रहा था। सब कहते थे, इससे दिलेर सुपरस्टार पहले कभी आया नहीं। अपने दोस्तों के लिए वह कुछ भी कर सकता था।

उसी वक़्त उसे एक आवाज़ सुनाई दी, "हैलो, सुपरस्टार!"

सुपरस्टार ने आवाज़ की तरफ़ गर्दन घुमाई।

उसने देखा, हाथ में गिलास थामे लड़खड़ाता-सा एक युवक उसे आवाज़ दे रहा है। उसने टी-शर्ट और जीन्स पहनी है और नीचे सैंडल। उसके गिलास में शराब लगभग ख़त्म होने को थी।

पेज थ्री पार्टियों में राइटर चाहे कितना ही सज-धजकर जाए, उसको पहचानना बहुत आसान होता है। वह चाहे कितना ही शैंपू कर ले, कितना ही फ़ेसवॉश से चेहरा धो ले, क्रीम, पाउडर और इतर फुलेल का जुगाड़ करके, चाहे कोई भी ब्रांड पहनकर चला जाए, वह दिखता राइटर ही है। यह बात और है कि जब वह नशे में होता है तो उसका आत्मविश्वास सातवें आसमान पर होता है। नशा चाहे शराब का हो, गाँजे का हो या कामयाबी का।

सुपरस्टार के अनुभव ने उसे पहचान लिया। सिक्योरिटी गार्ड ने उसे हटाने की कोशिश की लेकिन सुपरस्टार ने इशारा करके उसे अपने तक आने को कहा। अब लड़का और सुपरस्टार आमने-सामने थे।

"सॉरी बॉस, तुम्हारी यह पिक्चर भी फ़्लॉप होगी।" लड़के ने सबके सामने सुपरस्टार को बोल दिया। गिलास में बची हुई शराब को एक घूँट में पीकर ख़त्म कर दिया।

सुपरस्टार का चेहरा उतरने ही वाला था लेकिन वह अभिनेता था। उसने चेहरे पर भाव नहीं आने दिए। वह और अधिक विनम्र हो गया। उसने लड़के से पूछा, "क्या पी रहे हैं आप?"

"आपकी पार्टी है बॉस, आप जो पिला रहे हैं, वही पी रहे हैं।" लड़के ने लड़खड़ाती ज़बान में कहा।

"आई मीन व्हिच ब्रांड?" सुपरस्टार एक अच्छा मेज़बान था।

"दारू में ब्रांड क्या देखना सर। बस, सिर घूमना चाहिए।" फिर थोड़ा रुककर बोला, "वैसे सच बात यह है कि थोड़ा-थोड़ा सब पिया है।"

"टू ग्लेन प्लीज़, ऑन द रॉक्स।" सुपरस्टार ने अपने आदमी को इशारा किया।

आदमी वॉकी-टॉकी पर संदेश दिया और अगले ही पल दो पैग हाज़िर थे।

शराब का गिलास हाथ में लिए लड़के के कंधे पर हाथ रखे हुए सुपरस्टार पार्टी से उसे अलग ले गया। उसके लोगों ने दूसरे लोगों को उधर जाने से रोका।

"तुम यक़ीन से कैसे कह सकते हो कि फ़िल्म फ़्लॉप होगी?" सुपरस्टार ने धीरे से पूछा।

"क्यों कि मैं ट्रेलर देखकर ही यह बता सकता हूँ कि यह एक फ़्लॉप कोरियन फ़िल्म की कॉपी है। जो फ़िल्म कोरिया में नहीं चली, वह यहाँ क्यों चलेगी?" लड़के ने कहा।

इंडस्ट्री में अब तक कोई पकड़ नहीं पाया था कि उन्होंने फ़िल्म कहाँ से उठाई है। हाँ, यह बात सच थी कि किसी भी तरह के बाद के झगड़े से बचने के लिए उन्होंने मूल फ़िल्म वालों को एक मोटी रक़म चुकाई थी और अधिकार ख़रीद लिए थे। लेकिन फ़िल्म के डायरेक्टर ने सुपरस्टार को आश्वस्त किया था कि हमने कहानी और आइडिया को इतना बदल दिया है कि कोई माई का

लाल यह नहीं बता पाएगा कि फ़िल्म कहाँ से मारी है। इसलिए वे किसी को यह नहीं बताएँगे कि फ़िल्म हमने कहाँ से चुनी है। लोग इसे मूल कहानी की ही तरह समझेंगे।

"तो तुम ट्रेलर देखकर पूरी फ़िल्म की कहानी बता सकते हो?" सुपरस्टार ने पूछा।

"हाँ।" लड़के ने कहा।

और फिर लड़का शुरू हो गया- "यह एक अनाथ बच्चे की कहानी है जो कहानी में आगे बहुत बड़ा आदमी बनता है और वापस अपनी उसी माँ के पास पहुँचता है, जिसने बचपन में उसे छोड़ दिया था। उसको तो पता भी नहीं कि उसकी माँ ज़िंदा है।"

सुपरस्टार सन्न रह गया। यह तो हूबहू वही कहानी है।

"आपकी हर फ़्लॉप फ़िल्म की प्रॉब्लम वही है सर कि आप हॉलीवुड या विदेशी फ़िल्मों की गाँड़ में घुस जाते हैं, गू निकालकर लाते हैं और बॉक्स ऑफ़िस पर हग देते हैं। ऑडियंस को बदबू आती है। इसलिए लोग आपकी फ़िल्में देखने अब थिएटर में नहीं जाते। आपकी कहानियों में हिंदुस्तान नहीं है सर।"

सुपरस्टार उसकी भाषा से सुन्न है। लेकिन लड़का रुक ही नहीं रहा है।

"अगर आपने हिंदुस्तान को समझा होता तो इसी कहानी को आप हमारे लिटरेचर से लेते। महाभारत में यह कहानी मिलती आपको। उसे हिंदुस्तानी तरीक़े से कहते। अनब्याही माँ का छोड़ दिया गया बच्चा और दुनिया का श्रेष्ठतम योद्धा। कर्ण की कहानी जानते हैं आप? नहीं जानते। क्योंकि आपको तो सारे मज़े इंग्लिश में आते हैं। इंग्लिश फ़िल्में, इंग्लिश दारू, इंग्लिश फंटियाँ, इंग्लिश सेक्स। आपको सब कुछ इंग्लिश चाहिए।"

सुपरस्टार चुप था। उनका ड्रिंक ख़त्म भी नहीं हुआ था कि सुपरस्टार ने अपने आदमी को इशारा किया। वह ज्यों ही पास आया, सुपरस्टार ने कहा, "सर ने काफ़ी पी ली है। आप इनको घर छुड़वा दीजिए।" और फिर सुपरस्टार ने लड़के की ओर देखकर कहा, "मैं मिलूँगा आपसे, फ़ुर्सत से बाद में।"

उसने अपनी बॉडीगार्ड टीम के एक आदमी को साथ जाने को कहा और धीरे से उसके कान में बताया कि वह कितना महत्त्वपूर्ण आदमी है।

“मैं मेरे दोस्त के साथ आया हूँ। उसी के साथ चला जाऊँगा। अभी तो और पीनी है मुझे। खाना भी खाना है।” लड़का कहता रहा, लेकिन सुपरस्टार के लोगों ने अपने बॉस का कहना मानते हुए भीड़ के बीच से जगह बनाते हुए बाइज़्ज़त पार्टी से बाहर ले गए। वॉकी-टॉकी पर ड्राइवर को मैसेज छोड़ा। गाड़ी मँगाई।

बॉडीगार्ड टीम के एक आदमी ने पिछला दरवाज़ा खोला। लड़का उसमें बैठ गया। वह स्वप्नलोक की सैर में था। दरवाज़ा खोलने वाला गार्ड आगे की सीट पर बैठ गया। ड्राइवर ने गाड़ी चला दी। लड़का कहता रहा कि उसे अपने दोस्त को भी साथ लेकर आना था। लेकिन वह इस वक़्त उनका एक्सक्लूसिव मेहमान था। उसके साथ किसी और को जाने की इजाज़त नहीं थी।

7

'डेली टाइम्स' के पेज थ्री पर फ़ोटो छपा था। जिस पर शीर्षक था- "हू इज़ दिस मैजिकल मैन?" उस फ़ोटो में लड़के के कंधे पर सुपरस्टार ने हाथ रखा हुआ है और उसके दोनों हाथ में व्हिस्की का ग्लास है। बहुत अरसा हुआ था कि सुपरस्टार को पब्लिकली शराब पीते हुए नहीं देखा गया था। पार्टी के भीतर फ़ोटोग्राफ़र्स को अनुमति नहीं थी। सारे फ़ोटो सेशन पार्टी के आउटर हॉल में हो जाते थे। लेकिन त्यागी तो त्यागी था। उसको कौन रोक पाया। उसने गुरिल्ला विधि अपनाई। कैमरे का फ़ोकस सुपरस्टार पर रखा। लड़के का चेहरा साफ़ नहीं दिख रहा था। लेकिन सुपरस्टार जिस बेतकल्लुफ़ी के साथ लड़के के कंधे पर हाथ रखकर बात कर रहा था, उसमें मालती को कोई नई और बड़ी कहानी नज़र आई।

[इसके आगे के फ़ोटो भी त्यागी के पास थे लेकिन उसने आधा सच छुपाया। त्यागी जानता था कि ख़बर क्या है। अगर वह पूरी कहानी बता देता तो पार्टी के अंदर घुसकर रिस्क लेकर इसने जो फ़ोटो खींचा, उसकी क़ीमत उसे नहीं मिलती। इस तरह सुपरस्टार की मौत की एक कड़ी त्यागी ख़ुद भी है, लेकिन यह बात तो कोई जानता भी नहीं है। यह बात मैं जानता हूँ और आप जानते हैं। अब आप मालती के अनुमान देखिए।]

नंबर एक, सुपरस्टार जब पब्लिकली शराब नहीं पीता तो इस आदमी के साथ क्यों पी रहा है?

नंबर दो, सुपरस्टार के बॉडीगार्ड उससे दूर खड़े हैं और सुपरस्टार के चेहरे पर कोई तनाव नहीं है।

इन दो तथ्यों से अनुमान लगाया जा सकता है कि इस आदमी के साथ सुपरस्टार की कोई बड़ी डील होने वाली है।

उसने त्यागी से सारे फ़ोटो दिखाने को कहा लेकिन किसी और फ़ोटो में वह चेहरा नज़र नहीं आया। एक-आध जगह कपड़ों से वह समझ में आ रहा था लेकिन उसके चेहरे की ओट में कोई-न-कोई आ गया था।

मालती ने होटल के गेट वाले अपने स्टाफ़ फ़ोटोग्राफ़र के कैमरे को चेक किया। उसमें भी उसे कहीं कुछ नज़र नहीं आया। हाँ, एक जगह नज़र आया कि वह सुपरस्टार की गाड़ी में बैठ रहा है। चेहरा वहाँ भी साफ़ नहीं था। उसी वक़्त उसकी नज़र लड़के के पैरों की तरफ़ गई। उसने सैंडल पहन रखी थी।

मालती समझ गई कि यह तो कोई 'राइटर' है। यह तथ्य सार्वजनिक होते ही एडिटर वह फ़ोटो छापने से मना कर देता। वह चुप्पी साध गई। सामान्य व्यवहार करती रही। कोई उस तथ्य को नहीं पकड़ पाया जो मालती ने पकड़ लिया था।

उसने छानबीन बंद कर दी। फ़ोटो छाप दी। लेकिन मालती के दिमाग़ में यह बात अटक गई थी कि सुपरस्टार पहली बार किसी राइटर के साथ इस तरह आत्मीयता से क्यों मिल रहा है। वह फ़ोटो उस दिन के लिए 'टॉक ऑफ़ द टाउन' थी।

इस फ़ोटो ने मालती के अलावा तीन और लोगों की ज़िंदगी में हलचल मचा दी थी।

पहली थी, एक बड़े स्टूडियो की मालकिन मिस मेलिना। वह टेलीविज़न प्रोडक्शन की महारानी थी, लेकिन फ़िल्मों में एकदम फिसड्डी। वह हर बार टीवी के ब्रांडेड चेहरों से सिनेमा में घुसने की कोशिश कर रही थी लेकिन उसके टीवी के चमकते सितारे बड़े पर्दे पर आते-आते प्रभावहीन हो जाते थे। उसे हमेशा लगता था कि सुपरस्टार के पास सिनेमा का ब्रांड है और उसके पास टेलीविज़न की मार्केटिंग। दोनों अगर मिल जाएँ तो पूरी इंडस्ट्री पर राज कर सकते हैं। वह मालती की सबसे जिगरी दोस्त थी। इतनी जिगरी की बी-टाउन के गलियारों में उनके लेस्बियन होने की चर्चा आम थी। मिस मेलिना ने जैसे ही सुपरस्टार के साथ फ़ोटो देखा, उसने सीधे मालती को फ़ोन किया और मालती ने बताया कि वह सिर्फ़ इतना जानती है कि यह एक राइटर है। इससे

ज़्यादा वह कुछ नहीं जानती। मिस मेलिना ने अपनी पूरी टीम को ज़ोर-शोर से इस आदमी का पता लगाने के लिए लगा दिया। वह उससे मिलना चाहती थी।

दूसरा आदमी था आकाश। वह पूरी पार्टी में उसको ढूँढ़ रहा था। जब उसे किसी ने बताया कि उसका राइटर दोस्त तो सुपरस्टार की गाड़ी में बैठकर चला गया है तो पहले तो उसे यक़ीन नहीं हुआ। फिर उसे जलन हुई। बाद में ग़ुस्सा आया कि जिस आदमी को मैंने घर में रखा है, वह मौक़ा मिलते ही मुझे बिना बताए सुपरस्टार के साथ निकल गया। उसने सुपरस्टार को कैसे क़िस्से सुनाकर पटाया होगा कि उसको वह गाड़ी में बिठाकर ले गया। आकाश मन-ही-मन कुढ़ता रहा कि कहीं सुपरस्टार अगली फ़िल्म में उसे ब्रेक तो नहीं दे रहा है!

इस शहर की तासीर ही ऐसी है कि जब कोई दोस्त कामयाब होता है, तो दूसरे दोस्तों में पहले मातम छाता है। फिर सारे अवसादग्रस्त स्ट्रग्लर्स उसकी बुराई शुरू करते हैं। जब थक-हार जाते हैं तो एक दिन उस कामयाब दोस्त को फ़ोन लगाकर कहते हैं, "भाई, बहुत बड़ा आदमी हो गया है, एक दिन मटन तो खिला दे।" कामयाब दोस्त का दिल इतना बड़ा हो चुका होता है कि या तो वह फ़ोन उठाता नहीं और अगर उठा ले तो एक ही बात कहता है, "कभी भी फ़ोन करके आ जाओ।"

चाय के साथ आकाश के हाथ में 'डेली टाइम्स' था। पेज थ्री देखा तो उसके होश उड़ गए। जिस दोस्त को वह स्ट्रग्लर समझ रहा था, वह इंडस्ट्री के ताक़तवर सुपरस्टार के साथ ड्रिंक शेयर कर रहा है। सुपरस्टार ने उसके कंधे पर हाथ रखा है और शीर्षक लगा है- "हू इज़ दिस मैजिकल मैन?"

उसकी सारी कड़वाहट घुल गई। उसे लगा, अपना भाई सुपरस्टार तक पहुँचा है तो देर-सवेर उसका भी रास्ता बनाएगा। उसे पिछले आठ साल के संघर्ष में आज ही मुंबई की चाय में पहली बार स्वाद आया। उसने फ़ोन निकाला और सीधा लड़के को मिलाया। उसका फ़ोन बंद आ रहा था। बिजली के स्विच बोर्ड पर उसकी नज़र गई। लड़के के जर्जर फ़ोन का जर्जर चार्जर लटक रहा था। वह जानता था कि आधी बार उसका फ़ोन चार्ज ही नहीं रहता क्योंकि चार्जर सेलो टेप से चिपकाकर एडजस्ट किया हुआ है। एक ख़ास एंगल पर रखने पर ही फ़ोन चार्ज होता है। कल वह एंगल हिल गया होगा। उसका फ़ोन चार्ज नहीं हुआ होगा। इसकी परवाह क्या करना, जब सुपरस्टार का हाथ

भाई के कंधे पर है।

तीसरा आदमी वह लड़की थी। जिसे मिस मेलिना की कंपनी के लिए काम करने वाले कास्टिंग डायरेक्टर के यहाँ से व्हॉट्सएप ग्रुप में फ़ोटो मिला और यह सूचना भी कि जो कोई इस आदमी के बारे में कुछ भी जानकारी दे सकता है, उसे ईनाम के रूप में मिस मेलिना के अगले सीरियल में रोल मिल सकता है।

लड़की चेहरा देखते ही पहचान गई। उसे वह हाउस पार्टी याद आई। उसे यह भी याद आ गया कि उसका नंबर उसने सेव किया था। लेकिन उसने तो कभी बताया भी नहीं कि वह सुपरस्टार का आदमी है। लड़की उसका नाम तक नहीं जानती थी। उसे याद आया कि लड़के ने भी उससे नंबर माँगा था और मिस कॉल दिया था। लड़की समझदार थी।

इस तरह के लोगों में पहली श्रेणी उन लोगों की है, जिनके नंबर वह ख़ुद माँगती है। जब उसे लगता है कि यह आदमी आगे काम आएगा तो उससे नंबर लेने में कोई हिचक नहीं होती। लेकिन जब किसी को लगता है कि यह लड़की आगे काम आ सकती है, तो वह लड़की से नंबर माँग लेता था। उसे वह दूसरी श्रेणी में रखती है। चूँकि लड़के ने उस पार्टी के बाद अपनी तरफ़ से नंबर माँगा था, इसलिए उसने उसका नाम लिखा- 'चिपकू हाउस पार्टी', लेकिन वह भूल चुकी थी कि उसने किस नाम से नंबर सेव किया था।

उसने फ़ोनबुक खोलकर की पैड पर टाइप किया चिपकू और आगे बहुत सारे नंबरों से गुज़रते हुए उसे दिखा हाउस पार्टी। पूरा नाम 'चिपकू हाउस पार्टी', यही नंबर था। लड़की के चेहरे पर मुस्कान फैल गई। उसने अंदर-ही-अंदर महसूस किया कि उसके अच्छे दिन आ गए हैं। उसने फ़ोन लगाया। लड़के का फ़ोन बंद आ रहा था। लड़की की बेचैनी बढ़ गई। इससे पहले कि कोई और ढूँढ़कर उसे स्टूडियो तक पहुँचा दे, उसे यह काम करना ही होगा। बिना कोई विलंब किए उसने कास्टिंग डायरेक्टर को टेक्स्ट मैसेज किया, "मैं इस आदमी को जानती हूँ। यह एक राइटर है और मढ गाँव में रहता है।"

उसने मीनू को फ़ोन लगाया। मीनू ने म्यूज़िक वाले मुकेश को और मुकेश ने आकाश को फ़ोन किया कि राइटर कहाँ है ? सारे स्ट्रग्लर एक-दूसरे से बात करते हुए एक राइटर के हाथ से निकल जाने का दुख मना रहे थे। कोई नहीं जानता था कि लड़का कहाँ है।

8

जुहू के जेवीपीडी स्कीम इलाक़े की उस गली में ठीक-ठाक हलचल थी। लोग रोज़ाना की तरह आज भी भाग रहे थे, उन्हें उम्मीद थी कि आज तो मंज़िल तक पहुँच ही जाएँगे। जब लड़के की आँख खुली तो वह फ़ुटपाथ पर पसरा पड़ा था। उसने देखा, किसी को उसकी परवाह नहीं है। लोगों ने उसकी हालत देखकर अनुमान लगा लिया था कि ज़्यादा शराब पीने के बाद वह सोया होगा। मारपीट और हत्या करके आए आदमी से लोगों की सहानुभूति मुमकिन है लेकिन हमारे देश में किसी ने शराब पीकर हंगामा किया है तो उसके लिए रहम नहीं है। हत्यारों की कहानियों में हर किसी की दिलचस्पी होती है लेकिन शराबी की कहानी कोई नहीं सुनना चाहता।

उसका फ़ोन और पर्स ग़ायब था। यह पार्टी उसे बहुत महँगी पड़ी थी। उसे आधी बातें याद थीं। आधी भूल गया था। उसे यह तो याद था कि वह पार्टी में गया कैसे था लेकिन पार्टी से बाहर कैसे आया, याद नहीं था। सारी स्मृतियाँ टुकड़ों में आ रही थीं। वह टुकड़ों में आती स्मृतियों को जोड़कर यादों की एक श्रृंखला बनाने लगा।

उसे धीरे-धीरे याद आने लगा कि उसने आख़िरी पैग सुपरस्टार के साथ पिया था तो उसे बीच में ही उसके आदमी ने यह कहते हुए ले लिया था कि आपको बहुत शराब चढ़ गई है। अब घर जाना चाहिए।

उसे याद आया कि उसे सुपरस्टार के बॉडीगार्ड टीम से ही एक आदमी गाड़ी में बिठाकर बाहर लेकर आ गया था। जुहू बीच मोड़ से होते हुए गाड़ी

अमिताभ बच्चन के बंगले 'जलसा' के बाहर से गुज़री। वहाँ से बाएँ मोड़ लिया। रात बहुत हो चुकी थी। ड्राइवर ने गाड़ी साइड में लगाई और गार्ड ने नीचे उतरकर दरवाज़ा खोला था और बोला, "नीचे उतरो, तुम्हारा घर आ गया है।"

उसने कहा था, "यह तो जुहू ही है। मैं यहाँ नहीं रहता।"

"मुझे नहीं पता तुम कहाँ रहते हो, लेकिन इतना जानता हूँ कि तुम अपनी औक़ात में नहीं रहते हो भैनचो!" कहते हुए गार्ड ने लड़के को नीचे खींचा और एक मुक्का खींचकर लड़के के मुँह पर मारा। उसे गाड़ी से बाहर खींचा। वह प्रतिरोध करता रहा और पिटता रहा।

"मुफ़्त की दारू पीने फिर किसी पार्टी में मत घुसना मादरचो! वर्ना इस शहर में रहणे लायक नहीं छोड़ेंगे। जानता नहीं तुमने किससे पंगा लिया है।"

नशा एकदम हावी था। उसे सुपरस्टार की गाड़ी का घूमना याद आया। मुक्के की चोट का असर गहरा था। वह चक्कर खाकर वहीं फुटपाथ पर गिर गया और नीम बेहोशी में चला गया। उसके बाद उसकी स्मृति यहीं सुबह की थी।

उसे आकाश का फ़ोन नंबर याद था। बस स्टैंड पर खड़े एक अंकल से उसने फ़ोन माँगा और आकाश को फ़ोन लगाया। उसने आकाश को रात के घटनाक्रम के बारे में कुछ नहीं बताया। वह किसी को कुछ नहीं बताना चाहता था। जब आकाश उसे लेने पहुँचा तो उसने एक झूठी कहानी बना दी कि रात को घर लौटते समय कुछ लोगों ने उसे लूटा और मारपीट की। ग़नीमत है वह बच गया। आकाश यही ज़िद करता रहा कि सुपरस्टार ने उससे क्या कहा, लेकिन लड़के ने कहा, मुझे उस मीटिंग के बारे में चुप रहने की सलाह दी गई है।

9

उसकी उदासी का अंत नहीं था। वह चाहता था कि किसी से अपने मन की बात कही जाए। यह तो अच्छा था कि उसे नशे की वजह से बहुत-सी बातें विस्मृत हो गई थीं। तीन दिन तक वह अपने कमरे में एकदम बंद रहा। पूरी दुनिया से कटा हुआ।

आज सुबह वह घर से बाहर आया। समय हर घाव भरता है। फ़ोन वाले के पास गया। अपना पुराना नंबर ब्लॉक करवाया। उसी नंबर की दूसरी सिम ली। दुकानवाले ने कहा, चार घंटे बाद चालू हो जाएगी।

उसने साईं सागर स्वीट्स से एक वड़ा पाव ख़रीदा, खाया। एक चाय पी। फिर अपना कमरा बंद करके सो गया। उसकी नींद फ़ोन की घंटी से खुली। फ़ोन लड़की का था। उसने कहा, वह मिलना चाहती है।

लड़का किसी से भी मिलना नहीं चाहता था। उसने मना कर दिया। बहाना बनाया कि उसका घर से निकलने का मन नहीं है।

लड़की ने कहा, वह उसके घर आ जाएगी।

दो घंटे बाद लड़के के दरवाज़े पर घंटी बजी। लड़की खड़ी थी।

लड़की ने बताया कि सब लोग उसे ढूँढ़ रहे हैं। उसे मिलना चाहिए। कम-से-कम मिस मेलिना वाली मीटिंग उसे नहीं छोड़नी चाहिए। यह कहते हुए लड़की उसकी आँखों में देखने लगी। बेहद आत्मविश्वास और प्यार से।

लड़का इस ज़िद में पिघल गया। उसे लड़की बहुत मासूम और सुंदर लग रही थी।

वह चाहता था कि लड़की को सब कुछ बता दे कि उसके साथ उस रात जो हुआ, वह सच में कुछ और था और दुनिया कुछ और समझ रही है। एक अनजाने डर ने उसे रोक लिया। फिर वह चुप हो गया। वह तो राइटर था। वह जानता था कि दुनिया में तो ऐसा बहुत कुछ होता है जिसे लोग कुछ और समझते हैं, जबकि वह होता कुछ और ही है।

उसने उस मसले पर चुप्पी साध ली। लड़की से कहा, तुम कहती हो तो मैं चला जाऊँगा लेकिन मैं लोगों से मिलते हुए थक चुका हूँ।

बहुत दिनों बाद कोई उसकी चिंता कर रहा था। जब आपकी कोई परवाह कर रहा होता है तो अच्छा ही लगता है। फ़िल्म इंडस्ट्री में प्रेम कामयाब लोगों के लिए एक शग़ल है और स्ट्रग्लर्स के लिए जीने का सहारा। लड़का यह सहारा नहीं छोड़ना चाहता था। लड़की के मन में लड़के के प्रति प्रेम का अंकुरण हो रहा था। क्षण भर के लिए उसके निजी स्वार्थ को उसका प्रेम पीछे धकेल रहा था। लड़की कामयाबी की संभावना वाले अवसर को गँवाना नहीं चाहती थी। लड़के ने हाँ कर दी। लड़की ने उसके साथ सेल्फ़ी खींची। दो उँगलियों से वी का निशान बनाए हुए उसने वह फ़ोटो अपने कास्टिंग डायरेक्टर को भेजी और कास्टिंग डायरेक्टर ने बदले में एक स्माइली। कास्टिंग डायरेक्टर ने लड़के को मिस मेलिना का नंबर भेजा। ऑफ़िस का पता और मिलने का वक़्त भी।

लड़की जानती थी कि आप अकेले बहुत दिनों तक नहीं दौड़ सकते। आपको कोई चाहिए, जो आपके साथ दौड़े। मुसीबत के वक़्त आपकी उँगली न छोड़े।

लड़की ने कहा, "चाय पिलाओगे, तुम्हारे घर पहली बार आई हूँ?"

लड़के ने कहा, "दूध नहीं है घर में।"

लड़की ने कहा, "मुझे काली चाय भी पसंद है।"

किसी भी प्रेम की पूर्वपीठिका सर्वाधिक आनंददायी होती है। सामने देखो तो यूँ लगता है, हज़ारों तितलियाँ आसमान में हैं। जैसे दुनिया के सारे रंग उन तितलियों के पंखों में आ गए हैं। हवा कोई भी हो, वासंती लगती है। बातें ऐसी होती हैं कि उनका कोई अर्थ नहीं होता लेकिन वे निरर्थक तो कभी लगती ही नहीं।

लड़की ने पूछा, "काली चाय बनानी आती है तुम्हें?"

लड़के ने इनकार में सिर हिलाया।

"बहुत सिंपल है।" लड़की ने कहा, "पानी उबालो, उबल जाए तो गैस बंद करो। थोड़ी-सी चाय पत्ती डालो और भगोने को ढँक दो। दो मिनट में चाय तैयार।"

काली चाय प्रेम की तरह है। एक बार उबल गई तो नीचे आँच देने से बचना चाहिए, वर्ना कड़वी हो जाएगी। लड़के और लड़की के बीच यह पहली चाय थी।

10

मुंबई के अँधेरी वेस्ट का यह इलाक़ा हरेक क्षण एक नई दुनिया की खोज है। लिंक रोड पर सिटी मॉल है, जिसकी दुकानें कम चलती हैं, लेकिन उसी के एक हिस्से में बने पीवीआर सिनेमा के पाँच स्क्रीन हैं, जिनकी वजह से सिटी मॉल में हलचल रहती है। उससे थोड़ा आगे चलते ही इनफ़िनिटी मॉल है। उसके फ़ूड कोर्ट को जैसे फ़िल्म लाइन के स्ट्रग्लर्स का मनोबल बढ़ाने के लिए ही बनाया गया है। अगर यह फ़ूड कोर्ट नहीं होता तो मुंबई छोड़कर बहुत सारे स्ट्रग्लर्स अपने गाँवों और शहरों को लौट जाते। ज्यों ही कोई स्ट्रग्लर मुंबई छोड़ने के बारे में सोचता है, वह लौटने से पहले इनफ़िनिटी मॉल के फ़ूड कोर्ट ज़रूर जाता है। वहाँ जाकर उसका मन बदल जाता है कि इस शहर को छोड़कर जाने का फ़ैसला आज नहीं, कल करूँगा। वह कल कभी आता नहीं। मुंबई की उमस वाली दुपहरी में यह मॉल उनके लिए एक उम्मीद की तरह खड़ा है। इस मॉल के भूतल पर ही कोने में स्टारबक्स कॉफ़ी शॉप है, जहाँ सिनेमा से जुड़े चेहरे आपको दिखते रहते हैं। मॉल के ऊपरी फ़ूड कोर्ट से नीचे वाली कॉफ़ी शॉप आने में मुश्किल से आपको एक मिनट का समय लगता है, लेकिन यह छोटी-सी दूरी तय करने में कई बार स्ट्रग्लर को कई महीने और साल लग जाते हैं। आमतौर पर वह यहाँ तभी आता है, जब उसकी कॉफ़ी का बिल वह आदमी दे रहा हो, जिसंने उसे मिलने के लिए बुलाया है। इनफ़िनिटी मॉल को केंद्र बिंदु मानकर पाँच किलोमीटर का एक वृत्त बनाया जाए तो फ़िल्म इंडस्ट्री का लगभग अस्सी प्रतिशत हिस्सा उस गोले में आ

जाएगा। यह गोला पहले बांद्रा था, फिर जुहू आया और अब इनफ़िनिटी मॉल में अटका हुआ है। जैसे ग्लेशियर पिघल रहे हैं, वैसे यह गोला भी अपनी जगह बदलता रहा है। मुंबई के विस्तार के साथ ही यह गोला धीरे-धीरे नीचे की तरफ़ खिसक रहा है। कुछ लोगों को लगता है, अगले कुछ सालों में इस गोले का अगला ठिकाना मीरा रोड हो जाएगा। यह गोला एक अलग दुनिया है। जो असल में दुनिया है ही नहीं, शायद वह दुनिया मुमकिन भी नहीं है, फिर भी वह दुनिया है। उसका वजूद हवाओं में है। इस दुनिया में अरबों रुपए का असली लेन-देन होता है। इस गोले में अपनी पीठ पर बैग लटकाकर घूमता हुआ साधारण आदमी भी ईश्वर हो सकता है, जिसके ईएमआई पर ख़रीदे हुए एक छोटे से लैपटॉप में कई दुनिया क़ैद हैं। ऐसे ही झोला लटकाए दो लोगों ने गब्बर सिंह नाम के डाकू की दुनिया बनाई। उन्होंने रामगढ़ नाम का एक गाँव बनाया, उस गाँव में एक ठाकुर छोड़ा, बसंती नाम की लड़की को धन्नो नाम की घोड़ी वाला एक ताँगा दिलाया। उसमें जय-वीरू को गब्बर सिंह से लड़ने भेजा। इसी गोले में घूमते हुए उत्तर भारत से आए एक साधारण से लड़के ने भीखू म्हात्रे नाम के डॉन की एक दुनिया बनाई, जिसे दक्षिण भारत से आए दूसरे लड़के ने पर्दे पर साकार किया। उनका डॉन बैंड स्टैंड की एक चट्टान पर खड़ा होकर चिल्लाया था- मुंबई का किंग कौन? भीखू म्हात्रे। इन लोगों ने इस गोले के पहले से चल रहे क़ायदे-क़ानून को हिलाकर रख दिया। इस शहर में हर स्ट्रग्लर की कहानी भीखू म्हात्रे से मिलती है। वह एक गुमनाम-सा चेहरा होता है। एक दिन पूरे शहर पर राज करने की सोचता है।

लेकिन शहर इतना दयालु भी नहीं है, जितने स्ट्रगल की कहानियाँ सुनकर लोग अनुमान लगा लेते हैं। यह उन चेहरों का हिसाब नहीं रखता जो संघर्ष करते हुए थक-हारकर समंदर में डूब गए, या इमारतों से कूद गए। जिनको उनका हक़ नहीं मिला। यह शहर जंगल की उस माँ की तरह है, जो अपने बच्चों को सिखाती है कि जो शिकार नहीं करेगा, वह ख़ुद शिकार हो जाएगा। अगर वह शिकारी नहीं है, तो उसे ज़िंदा रहने के लिए शिकारियों को धोखा देने की कला सीखनी होगी। यही विडंबना है कि हीरो के जीतने, मनुष्यता और प्रेम की भावुक कहानियाँ कहने वाली इस दुनिया का भीतरी हिस्सा क्रूर भी है और मुलायम भी। आप कौन-से हिस्से पर उतरते हैं, यह कोई नहीं जानता।

लड़का आज इस दुनिया की पहली परत में घुसने जा रहा है। वह अँधेरी की एक बेहद रौशन और नामदार इमारत में घुस रहा है। जहाँ मिस मेलिना और उसकी पूरी टीम से उसे उसका सामना होने वाला है।

यह उसकी पहली मुलाक़ात नहीं है। वह ऐसी दर्जनों मुलाक़ात हर सप्ताह करता है। कुछ में उसको आश्वासन मिलता है, कुछ में विज़िटिंग कार्ड और कुछेक में ऐसा आग्रह कि यह वाला काम अपन साथ करते हैं। कम पैसे में करते हैं। आगे फिर कुछ होगा तो फिर 'हम देखेंगे'।

'हम देखेंगे' बॉलीवुड में नए लेखक का क्रांति गीत है। वह भी मन-ही-मन गुनगुनाता है कि लाज़िम है हम भी देखेंगे। फिर यह उम्मीद करता है कि एक दिन ताज उछाले जाएँगे, सब तख़्त गिराए जाएँगे। उठेगा अनलहक़ का नारा। लेकिन वह नारा अभी लड़के के जीवन में उठ नहीं रहा था। उसने संकल्प लिया था कि काम वही करूँगा जिसमें यह लगेगा कि मेरा शोषण नहीं हो रहा है। यही उसकी ग़लती थी। बॉलीवुड के संविधान के ख़िलाफ़ जा रहा था। लगभग सारे निर्माताओं ने अघोषित रूप से तय किया था कि बिना शोषण किए किसी नए लेखक को एंट्री नहीं देनी है। भविष्य में लेखक के शोषण को लेकर किसी निर्माता में अपराधबोध न आए, इसके लिए निर्माता और उसके लिए काम करने वाले लोगों को एक मंत्र का बार-बार उच्चारण करने के लिए कहा जाता था। जिसे वे लोग हमेशा बोलते रहते थे। यह मंत्र था, "यह एक कम बजट वाली फ़िल्म है।"

बारहवीं मंज़िल पर न महसूस होने वाले हल्के से झटके के साथ लिफ़्ट रुकी। बाहर निकलते ही एक पूरा फ़्लोर जगमग है। उसे कुछ पूछने की ज़रूरत ही महसूस नहीं हुई। लिफ़्ट खुलते ही सामने सीधी नज़र रिसेप्शन पर गई। वहाँ बैठी मुस्कुराती लड़की नज़र रखती है कि कब लिफ़्ट खुले, कब वह बोले- "यस सर?"

"मेरी मैडम मेलिना के साथ मीटिंग है।"

रिसेप्शनिस्ट ने नाम पूछा। फिर बोली, "वन मिनट प्लीज़। आप बैठिए।"

रिसेप्शनिस्ट सुंदर थी। बेहद विनम्र भी। उसने सोफ़े की तरफ़ इशारा किया। लड़का सोफ़े पर बैठ गया। उसकी मीटिंग बारह बजे तय थी। उसने घड़ी देखी 11 बजकर 55 मिनट हुए थे।

उसने चारों तरफ़ दीवारों पर देखा। सब कुछ एकदम खुला-खुला-सा है। बाहर यह शहर जितना भाग रहा है, उतना ही ठहराव इस दफ़्तर में उसे दिख रहा था। यहाँ बड़े पोस्टर में उन सारे सुपरहिट सीरियल्स के पोस्टर लगे हुए थे, जिनकी प्रोड्यूसर मिस मेलिना की कंपनी रही है। दफ़्तर का इंटीरियर बहुत ख़ूबसूरत था।

एक लड़का आया। उसने पानी का गिलास पकड़ाते हुए पूछा, "सर, चाय पिएँगे या कॉफ़ी?"

राइटर दबाव महसूस कर रहा था। उसने इनकार कर दिया।

लड़की ने तब तक अंदर फ़ोन कर दिया था। कोई आठ से दस मिनट बीत गए। लड़का इंतज़ार ही कर रहा था। अचानक पूरे दफ़्तर में मोबाइल की घंटियाँ बजीं। संक्षिप्त बात हुई और अलग तरह का सन्नाटा पसर गया।

जब जंगल में शेर गुज़र रहा होता है, तो दूसरे जानवर आगे से कॉल देते हैं कि सावधान, राजा आ रहा है। तेज़ी से बिखरी हुई चीज़ों को क़रीने से ठीक किया जा रहा है। रिसेप्शन के काउंटर पर एक पीने के पानी की बोतल रखी थी। काउंटर पर बैठी लड़की ने उसे उठाया। उसके नीचे बन गए पानी के एक गीले से गोल घेरे को कपड़े से साफ़ किया। अपने बाल ठीक किए और एकदम तनकर बैठ गई। सन्नाटा और गहरा गया।

लड़के के मन में अजीब-सा डर था कि ऐसा क्या हुआ है कि लोगों ने एकदम से बातचीत बंद कर दी है। उसी वक़्त एक आवाज़ ने उसे चौंका दिया।

"उस हरामज़ादे को बोल दे कि मेरे सीरियल की माँ-बहन ना करे, उसका पहला सीरियल है और मेरा चालीसवाँ।"

लिफ़्ट का दरवाज़ा खुलते ही एक लड़की की यह आवाज़ आई थी।

"वह कह क्या रहा है? वह मादरचो...!"

लड़का सन्न था।

लिफ़्ट से जीन्स और टीशर्ट पहने एक ख़ूबसूरत लड़की अंदर घुसी थी और हर एक लाइन के बाद उसके मुँह से गाली निकल रही थी। वह सीधे कोने में बने एक मंदिर की तरफ़ गई और गणपति को फूल चढ़ाया। दीपक जलाया और वहीं से सीधे अंदर चली गई। लड़के ने अनुमान लगाया कि यही मिस मेलिना होगी। उसका अनुमान सही था। वह खड़ा होकर रिसेप्शनिस्ट की तरफ़

बढ़ने वाला था कि उसने हाथ के इशारे से उसे रोक दिया। जब सब लोग खड़े हुए तो हवाओं में डर के मारे राइटर भी खड़ा हो गया। वापस मुड़ी, तब तक उसके चेहर पर ग़ुस्सा एकदम चरम पर था, वह लगभग दहाड़ती हुई बोली, "श्वेता, अगर वह इतना ही एडामेंट है तो उसकी गाँड़ पे लात मारो और बाहर निकालो। दूसरा आदमी हायर कर लो, एंड यस डोंट वेस्ट योर टाइम।"

यह बात ख़त्म होने के दौरान वह रिसेप्शन की दूसरी तरफ़ दिख रहे एक कमरे में घुस गई।

लड़के ने जो आत्मविश्वास कई दिनों से समेटकर इकट्ठा किया था, वह वहीं, उस दफ़्तर के वेटिंग रूम में फ़र्श पर बिखर गया।

उसने मन-ही-मन ख़ुद को वापस मज़बूत किया। इंतज़ार करने लगा।

उसी वक़्त उसके फ़ोन की घंटी बजी। लड़की मुस्कुराई और उसने फ़ोन पर 'ओके' कहा। फिर घूमकर लड़के की तरफ़ देखा, "सर, आप अंदर जा सकते हैं।" फिर उसने चाय-पानी पूछने वाले लड़के से कहा, "रामप्रकाश, सर को कॉन्फ्रेंस रूम में छोड़कर आओ।"

उस छोटे से गलियारे में रामप्रकाश के पीछे लड़का था। रामप्रकाश ने दरवाज़ा खोला, जो एक बड़े हॉल में खुल रहा था। उसमें कोई बीसेक सीटें लगी थीं। राउंड टेबल थी और कोई बारह लोग बैठे थे। मेज़ के एक सिरे पर वही जींस वाली लड़की थी। बचे हुए लोगों में कोई पाँच लड़कियाँ थीं। छह-सात जवान और अधेड़ उम्र के लोग। राइटर ने यह तो सोचा ही नहीं था कि उसके सामने एक साथ दस-बारह लोग होंगे।

उसने एक नज़र घुमाई। वे सब के सब बेहद संजीदा लोग थे लेकिन उसको लगा कि खुले बाज़ार में उसकी नुमाइश हो रही है। वह वहाँ से वापस भाग जाना चाहता था लेकिन तब तक रामप्रकाश पीछे से दरवाज़ा बंद कर चुका था।

ऐसा नहीं है कि उसने पहले कभी नैरेशन नहीं दिया था। एक-दो लोगों को सुनाया था। कभी किसी से मिलने गया तो आइडिया सुनाया। कभी किसी महफ़िल में बैठे हुए बीयर पीते हुए किसी को सुनाया। सबने उसकी कहानी की तारीफ़ की थी। लेकिन इस तरह बारह लोगों को एक साथ सामने बैठकर सुनाने का उसका पहला अनुभव था।

"वेलकम सर!" उनमें से एक ने कहा। राइटर ने डरते-डरते सबका अभिवादन किया।

कल रात से अब तक मिस मेलिना की टीम के लोगों ने गूगल करते हुए उसकी ऑनलाइन पत्रिकाओं में छपी कहानियों का पता लगा लिया था। उसके प्रिंट पड़े हुए थे।

उनमें एक आदमी ने राइटर को बैठने का इशारा किया और बग़ल की सीट पर बैठे टीम की एक लड़की ने एक फ़ाइल राइटर की तरफ़ बढ़ा दी।

"सर, इस पर साइन कर दीजिए।"

लेखक चौंक गया कि अभी तक तो कहानी सुनाई भी नहीं है तो क्या सीधे मैं इनके लिए फ़िल्म साइन कर रहा हूँ!

"यह क्या है?" लेखक की जिज्ञासा थी।

"दिस इज़ एनडीए सर। आई मीन 'नॉन डिस्क्लोज़र एग्रीमेंट'। इस कमरे में जो बात होगी, जिस कहानी पर बात होगी, उसे आप बाहर किसी के साथ शेयर नहीं करेंगे। यह है इस एग्रीमेंट में सर।"

लड़के को एक मिनट के लिए लगा कि उसे साइन करना चाहिए कि नहीं। कहीं ऐसा तो नहीं कि इस एग्रीमेंट में लिखा हो कि मैंने अपनी कहानी इनको यूँ ही दे दी है। वह पढ़ना चाहता था।

"टेक इट इज़ी सर, आप चाहें तो इसे पढ़ भी सकते हैं।" लड़की ने कहा।

लड़की सही थी। पन्ने पर वही लिखा था, जो उस लड़की ने बताया था।

मीटिंग शुरू हुई। मिस मेलिना ने पहले ख़ुद का नाम बताया और फिर परिचय कराया कि यह उनकी 'क्रिएटिव टीम' है। यह भी बताया कि इन लोगों ने आपके बारे में कुछ जानकारियाँ जुटाई हैं। वे सब लोग प्रभावित हैं। उन्हीं में एक क्रिएटिव ने बताया कि वह भी इंजीनियरिंग करके अमेरिका गया था और वहाँ एमबीए किया। वीसा इश्यूज़ के चलते उसे भारत आना पड़ा और अब वह यहाँ काम कर रहा है।

अब बारी लेखक की थी। ज्यों ही उसने बोलना शुरू किया, एक अँग्रेज़ीदाँ से दिख रहे क्रिएटिव ने जिज्ञासा के रूप में एक माँग रखी, "कैन यू प्लीज़ स्पीक इन इंग्लिश?"

लेखक ने हाथ खड़े कर दिए। वह बोला, "यस, आई कैन। लेकिन मैं

हिंदी बोलने में ज़्यादा कंफ़र्ट महसूस करता हूँ।"

सारे क्रिएटिव एकदम से चौंक गए। लेकिन उनकी सहमति थी कि वह हिंदी में भी बात कर सकता है। लेकिन लड़का अपना पक्ष रखना चाहता था।

"सर, मैंने इंजीनियरिंग की थी तो एक अच्छे करियर की गारंटी थी। लेकिन मुझे लगा था कि मुझे लेखक बनना है।" सब लोग सुन रहे थे।

"मैं हिंदी मीडियम का स्टूडेंट था। आईआईटी में मुझे अँग्रेज़ी पढ़नी पड़ी। मैंने सीख भी ली लेकिन तब भी मैं हिंदी में सोचता था। मैंने हिंदी में कविताएँ लिखी हैं। हिंदी में कहानियाँ लिखी हैं। मैं हिंदी सिनेमा में आया हूँ। क्या आपको अब भी लगता है मुझे अँग्रेज़ी बोलनी चाहिए?"

कोई दूसरा क्रिएटिव कुछ बोलता, इससे पहले ही मेलिना ने कहा, "दैट्स गुड! आई लव टू लिसन यू इन हिंदी। यही होना चाहिए।"

मिस मेलिना ने कहा, "हमें कोई ऐसी कहानी सुनाइए, जिसको सुनकर दिमाग़ के तार हिल जाएँ।"

लेखक ने कुछ क़िस्से सुनाए। सब बहुत ख़ुश हुए लेकिन मेलिना के चेहरे पर अब भी संतोष नहीं दिख रहा था। उसने कहा, "कोई ऐसा आइडिया नहीं है, जिसमें लव भी हो, सेक्स भी हो और धोखा भी।"

राइटर यह सुनते ही ख़ुश हो गया। उसने मगरमच्छ और बंदर की दोस्ती की कहानी को आधार बनाकर लिखी एक प्रेम त्रिकोण वाली कहानी सुनाई और मिस मेलिना ख़ुश हो गई। प्रेम, ईर्ष्या ओर दोस्त की ग़द्दारी से भरी इस कहानी पर मिस मेलिना का दिल आ गया था। मिस मेलिना को लगता था कि अब उसका काम हो गया है।

कॉरपोरेट के जंगल में लेखक एक हिरण के बच्चे की तरह होता है। जिसे सिर्फ़ फुदकना आता है, मस्त रहना आता है लेकिन उसे नहीं पता कि कब किस झाड़ी की ओट से कोई शेर, कोई लकड़बग्घा या भेड़िया उसको दबोच ले। वह रेगिस्तान की मृगमरीचिका की तरह होता है। उसे लगता है कि वह पानी की तरफ़ भाग रहा है लेकिन असल में वह अपनी ही मौत की तरफ़ भाग रहा होता है।

इस हिरण के बच्चे के शिकार की योजना इन वाक्यों से शुरू होती है कि लेखक ही तो हर कहानी की माँ होता है। हर फ़िल्म या सीरीज़ लेखक का ही

बच्चा होता है। यह बात और है कि इस बच्चे को बाद में कोई और उठाकर ले जाता है।

मिस मेलिना का एक क्रिएटिव अति उत्साह में यह कह गया कि लेखक न होता, तो हम सबका चूल्हा कैसे चलता? दुनिया के सारे लेखक एक दिन अगर यह तय कर लें कि अब से वे कहानियाँ नहीं कहेंगे तो कितने लोगों के रोज़गार ख़त्म हो जाएँ? उसकी इस घोषणा पर मेलिना ने उसे डाँट दिया और चुप रहने को कहा।

यह बात बड़ी दिलचस्प थी। लड़के को लगा, वह इतने महीनों में पहली बार किसी सही जगह पर आया है। अब तक तो लेखकों के साथ होने वाले व्यवहार को उसने सुना और ख़ुद प्रत्यक्ष महसूस किया है, पर यह जगह उससे अलग है। ये लोग उससे अलग हैं।

उसने ख़ुद को करेक्ट किया कि वह मेलिना को पहली बार देखते ही जो गाली-गलौज वाली भाषा सुनकर उसके बारे में जो भी नकारात्मरक सोचा था, वह ग़लत था।

इतनी देर सोचने की जगह मिलने के बाद उसने अपना बिखरा हुआ सारा आत्मविश्वास वापस समेट लिया।

और फिर सबने पूछा, "इतना अच्छा सोचते कैसे हो? ये कहानियाँ तुमको मिलती कहाँ से हैं?"

उसने कहा, "ये क़िस्से मुझे विरासत में मिले हैं। जब कहीं मैं उलझता हूँ, अटकता हूँ तो मेरे दादा चुपके से आकर मेरे कान में समाधान बता देते हैं। वह बोलते रहते हैं और मैं लिखता जाता हूँ।"

"आपके दादा भी कहानियाँ लिखते हैं?" एक लड़की ने पूछा।

"प्रेमचंद मेरे दादा हैं, मैंने तो कहानियाँ लिखना ही उनसे सीखा है।" लड़के ने कहा।

पहला क्रिएटिव बोला, "ओह, तो आपकी कहानियाँ ओरिजिनल नहीं हैं? ये आपके दादा की कहानियाँ हैं?"

लेखक बोला, "हाँ जी, उतनी ओरिजिनल तो नहीं हैं, जितनी आप दुनियाभर की फ़िल्मों की नक़ल करके लिखवाते हो।"

क्रिएटिव थोड़ा खिसिया गया। लेखक को इस जवाब से लाभ यह हुआ

कि उसने दूसरा सवाल नहीं पूछा।

दूसरा क्रिएटिव बोला, "हम चाहते हैं कि अगर ओरिजनल राइटर से ही डील करें तो बेहतर होगा।"

लेखक बोला, "मतलब क्या है आपका?"

तीसरे क्रिएटिव ने मोर्चा सँभाला, "कल आप अपने दादा प्रेमचंद जी को भी मीटिंग के लिए ऑफ़िस लेकर आइए। हम सीधे उन्हीं से बात करना चाहेंगे।"

लेखक बोला, "वह सिर्फ़ मुझे क़िस्से बताते हैं। आपको नहीं बताएँगे। वे यहाँ नहीं आएँगे।"

चौथी क्रिएटिव बोली, "क्यों नहीं आएँगे?"

लेखक बोला, "क्योंकि वह बहुत पहले इस शहर में आए थे एक बार। फ़िल्मों में लेखक बनने के लिए। लेकिन बहुत निराश हुए थे। वापस लौट गए थे। इस इंडस्ट्री ने उनको ख़ारिज कर दिया था। उनका दिल टूटा है यहाँ पर।"

पाँचवीं क्रिएटिव बोली, "तो अब उनका दिल वापस जोड़ देते हैं। उनकी कहानी पर फ़िल्म बनाएँगे। वे मशहूर हो जाएँगे। अभी टिकट भेज देंगे, कल सुबह की फ़्लाइट से बुलाओ उनको।"

लेखक घिर गया था। उसे सच्चाई बताने को मजबूर होना पड़ा, "आप उन्हें मशहूर क्या करेंगे? वे तो पहले से ही बहुत मशहूर हैं। लेकिन वे अब यहाँ नहीं आ सकते।"

"मगर क्यों?" छठा क्रिएटिव बोला।

"क्योंकि वह अब इस दुनिया में नहीं रहे। 8 अक्टूबर 1936 में उनकी डेथ हो गई।" लेखक यह बताते हुए उदास था।

यह सुनते ही उस कमरे में एक बार के लिए सन्नाटा पसर गया। जैसे वे किसी हेलुसिनेशन के शिकार मानसिक रोगी से बात कर रहे हैं। सब एक-दूसरे की तरफ़ देखने लगे।

अब उन्हें जैसे-तैसे करके बात को ख़त्म करने की तरफ़ ले जाना था। ऐसे समय में जब लोग अपने ही बाप को नहीं पूछते हैं, अपने मतलब से मतलब रखते हैं। वहीं यह आज़ादी से पहले ही मर चुके दादा के प्रेम में अब तक क्यों है? इसे तो फ़िल्म में कहानी लिखने से ज़्यादा एक डॉक्टर की ज़रूरत है।

"इसका मतलब तो यह है कि वह आपके पैदा होने से पहले ही मर चुके थे?" सातवाँ क्रिएटिव बोला।

"हाँ जी।"

आठवीं क्रिएटिव बोली, "लेकिन आप तो कह रहे हैं कि वे आपको कहानियाँ सुनाते हैं, आप उनसे बातें करते हैं?"

लेखक ने कहा, "मैं सही कह रहा हूँ। मैं अपने पुरखों से बातें करता हूँ। मैं उन बच्चों से भी बातें कर सकता हूँ, जो अभी तक पैदा नहीं हुए। मेरी दादी कहती हैं कि जब हम कहानी सुना रहे होते हैं, तो हमारे पुरखे भी उन्हें सुन रहे होते हैं। जब कभी हम ग़लती करते हैं, वे हमें रोकते हैं और कहानी को सही करने का ढंग सिखाते हैं। लेकिन जब हम उनकी नहीं सुनते तो कहानियों में वह मज़ा नहीं रहता, जो होना चाहिए।"

नौवीं क्रिएटिव बोलने ही वाली थी कि मिस मेलिना ने हाथ दबाकर उसे रोक दिया।

मेलिना बिज़नेस को समझती थी। वह समझ गई। यही तो वह चमत्कारी पुरुष है, जिसकी उसे कब से तलाश थी।

मेलिना ने उस मीटिंग में सवाल किया, "तुम सुपरस्टार को कैसे जानते हो?"

लेखक चुप हो गया।

"वह आपके कंधे पर हाथ रखकर बात कर रहा था। वह 'डेली टाइम्स' में आपका ही फ़ोटो था ना?"

लेखक ने इनकार नहीं किया। अगर इस भ्रम से काम चल सकता है तो चला लिया जाए। कहीं ऐसा न हो कि सच्चाई का पता लगते ही उसे ये लोग स्टूडियो से बाहर निकाल दें। वह फिर चुप हो गया।

"कोई बात नहीं। आप नहीं बताना चाहते, आपकी मर्ज़ी है।" कहकर उसने दसवें क्रिएटिव की तरफ़ इशारा किया।

दसवें क्रिएटिव ने कहा, "आपकी बातें हमारे समझ में आ रही हैं, तो अब हमें आगे बढ़ना चाहिए। काम शुरू करना चाहिए। बताइए, अब कैसे और क्या किया जाए?"

और अब इस वक़्त लेखक के सामने लगभग वैसा ही प्रश्न आ गया था

जब महाभारत की सेनाएँ आमने-सामने खड़ी थीं। अर्जुन के दिमाग़ में यह आया कि अपने ही लोगों से वह युद्ध क्यों लड़ रहा है?

यही वह क्षण था जब एक बार वनवास जाने का आदेश देने के बाद राजा दशरथ ने राम से आग्रह किया था कि वह उनके वचन को तोड़ दे। अपने बूढ़े बाप पर एहसान करते हुए वन में जाने से इनकार करे। राम को तय करना था कि वह वन में जाए या राजपाट सँभाले।

यही वह क्षण था जब ठाकुर की तिजोरी खोलने से जूझ रहे वीरू ओर जय को ठाकुर की विधवा बहू आकर तिजोरी की चाबी सौंप देती है और कहती है, सब कुछ ले जाओ। अब जय और वीरू को यह तय करना था कि वे रामगढ़ में रुकेंगे या चले जाएँगे।

यही वह क्षण था, बैताल ने विक्रम से सवाल पूछ लिया था। यह कह दिया था कि झूठ कहने पर वह उसके सिर के टुकड़े कर देगा और सच कहने पर वापस पेड़ पर जाकर लटक जाएगा।

यह वह क्षण था, जिसके बारे में सिटी मॉल के सामने वाली गली के उस उस्ताद बूढ़े लेखक ने ओल्ड मोंक रम पीते हुए उसे आगाह किया था कि हर नए लेखक की डील कहाँ जाकर दम तोड़ देती है।

यह वही क्षण था, जब लेखक को अपने काम यानी श्रम के बदले उस निर्माता से पैसे माँगने थे।

यह बात इस शहर के हर निर्माता को पता है कि लेखक सब कुछ माँग सकता है लेकिन अपने काम के बदले पैसे माँगने में उसे बहुत हिचक होती है, इसलिए सारे निर्माताओं का एक अघोषित संविधान है जिस पर वे अमल करते हैं कि लेखक से पैसे की बात नहीं करनी है। जब तक वह मुफ़्त में काम करने को राज़ी हो, तब तक उससे काम लिया जाना चाहिए। जिस दिन वह पैसा माँगने की बात करे, उसे यह बात समझाने की कोशिश करनी चाहिए कि लेखक तो माँ होता है और माँ क्या अपने बच्चे को दुनिया के सामने फलता-फूलता देखने के लिए कभी पैसे माँगती है?

लेखक की दुविधा बढ़ती जा रही है।

उसे बूढ़े लेखक के साथ की मुलाक़ात और हिदायतें याद आने लगीं।

11

दुख हो या सुख, कभी शाश्वत नहीं होता। एक बार जीवन में दस्तक देने के बाद अपने निशान छोड़कर ही जाता है। वह स्मृतियों के किसी कोने में दुबककर बैठ जाता है। जब कभी आप उसे कुरेदने लगते हैं तो वह फिर से मुँह निकालने को तैयार रहता है। सुख और दुख की हर अवस्था भ्रम की तरह जीवन में आती है। एक से हम तुरंत निकलना चाहते हैं, दूसरे को कभी छोड़ना नहीं चाहते। बूढ़े लेखक के उस कमरे में जब भी कोई जाता है, तो वह ख़ुद स्मृतियों के एक संसार में विचरण करने लगता है। दरवाज़े पर कोई दरबान नहीं। कुछ कुर्सी हैं। कोने में एक दीवान रखा है जिस पर लगे मसनद से सिर टिकाकर हाथ में मोटा लेंस लिए लेखक कुछ पढ़ता रहता है। इस दफ़्तर की दीवारों पर सुपरहिट फ़िल्मों के पोस्टर लगे हैं। सुपरस्टार ऐसा दिखता है, जो उन फ़िल्मों में था, जिसको देखते हुए लोगों को उस सुपरस्टार से प्यार हो गया था। बहुत कम लोग जानते थे कि उन संवादों को लिखने वाला लेखक आज एकांत और निर्वासन की ज़िंदगी जी रहा है।

"मुझे किसी से कोई शिकायत नहीं है।" बूढ़े लेखक ने ओल्ड मोंक की घूँट लेते हुए कहा, "बस इतना ध्यान रखना कि तुम्हारे हिस्से की दौलत और शोहरत कोई तुमसे न छीने।"

नया लेखक सिर्फ़ पुरखों की सुन रहा था और यह भी जानता था कि हालात अभी तक नहीं बदले।

"अपने काम के बदले नाम और पैसा तुम्हारा अधिकार है।" बूढ़े लेखक

ने कहा, "वह तुमसे सारी बात करेंगे। बस पैसे के लिए चुप रहेंगे। तुम माँग लोगे तो मना नहीं करेंगे लेकिन वे जानते हैं कि तुम माँगोगे नहीं। मत भूलना कि वे आदमी के भेष में व्यापारी हैं।"

और फिर बूढ़े लेखक ने एक कहानी सुनाई जो उन दिनों की है, जब वह बांद्रा में रहता था।

इस कहानी के कुछ हिस्से लोग जानते थे जो अख़बारों में छपे थे। कुछ हिस्से ऐसे थे जो राज़ की तरह लेखक के ही दिल में दबे पड़े थे। इन क़िस्सों में छिपे हुए हज़ार क़िस्से थे। इनमें प्रेमचंद का मुंबई से वापस लौट जाना भी था। इनमें मंटो की मुहब्बत का शहर भी था। इसी शहर पर शैलेंद्र के ख़ून के धब्बे थे। इन क़िस्सों में वह सारा दिखावा भी था, जो हर बड़ा सितारा कहता था- "इंडस्ट्री में अच्छे लेखकों की कमी है। हमें उनका ध्यान रखना चाहिए।"

लेकिन इस सूक्ति वाक्य पर अमल कोई नहीं करता था। लेखक को ख़ुद अपना ध्यान रखना पड़ता था।

लेखक क्या था, यह तो अपनी जवानी के दिनों में सुपरहिट फ़िल्मों की फ़ैक्ट्री था। हर कोई उसके लिए लाइन में खड़ा था। इनकी कहानियों में काम करते हुए उत्तर भारत से आया एक साधारण-सा लड़का अब सुपरस्टार हो गया था।

बात बिगड़नी तब शुरू हुई जब अगली फ़िल्म के पोस्टर छपकर आए तो उस पर सबका नाम था। सुपरस्टार का, प्रोड्यूसर का, डायरेक्टर का, म्यूज़िक कंपोज़र का, लाइन प्रोड्यूसर का, लेकिन लेखक का नाम नहीं था।

सबने कहा, "यह एक क्लेरिकल मिस्टेक हुई है। किसी का इरादा नहीं था कि लेखक का नाम हटा दिया जाए।"

लेकिन यह पहली बार नहीं है। पिछली फ़िल्म की रिलीज़ के समय भी ऐसा ही हुआ था लेखक ने आपत्ति दर्ज कराई थी।

किसी के पास इस बात का जवाब नहीं था कि लेखक के नाम के साथ ही यह ग़लती क्यों होती है। एक्शन डायरेक्टर या म्यूज़िक डायरेक्टर के नाम के साथ क्यों नहीं होती।

तब लेखक ने कहा था, "पोस्टर दुबारा छपने चाहिए।"

"तुम्हारा दिमाग़ तो ठीक है? क्या सिर्फ़ इसलिए पोस्टर दुबारा छपना

चाहिए कि लेखक का नाम नहीं है ? इतना पैसा कौन ख़र्च करेगा ? क्या तुम्हारी फ़ीस से काट लें ?"

लेखक ने कहा, "काट लो।"

वे ऐसा नहीं कर सकते थे। उन्होंने लेखक को फ़ीस दी ही नहीं थी। लेखक तो ख़ुद अपना पैसा लेने के लिए जूझ रहा था।

तब सुपरस्टार ने कहा, "फ़िल्म तो मेरी वजह से चलती है। आपका नाम होने-न-होने से कोई फ़र्क नहीं पड़ता है।"

डायरेक्टर ने कहा, "मेरी पिछली दोनों फ़िल्में हिट थीं। लोग मुझसे उम्मीद कर रहे हैं कि मैं यह फ़िल्म भी हिट बनाऊँ। तुमसे कोई उम्मीद नहीं कर रहा है।"

म्यूज़िक डायरेक्टर ने उस मीटिंग में कहा, "आज तक कोई ऐसी हिट फ़िल्म बताओ, जो बिना म्यूज़िक के हिट हो गई हो। असल में इस देश में वही फ़िल्में हिट होती हैं, जिनका म्यूज़िक हिट होता है। इसलिए मेरा नाम भी पोस्टर पर होना ज़रूरी है। तुम्हारे नाम में क्या रखा है !"

लेखक की आवाज़ उस वक़्त नक़्क़ारख़ाने में तूती बन गई।

उसने तय किया कि उसको उसका हक़ मिलना चाहिए। उसने एक ऑटो किराये पर लिया। पूरे दिन और रातभर शहर में घूमा। उसके हाथ में काली सियाही और ब्रश था। शहर के जिस हिस्से पर उसे फ़िल्म का पोस्टर दिखा, वहाँ जाकर अपना नाम लिख दिया। नाम भी ऐसी जगह लिखा कि बाक़ी सबके नाम दब गए और काली सियाही में मोटे अक्षरों में लेखक का नाम सबसे ऊपर दिखने लगा।

मुंबई के हर सिनेमाघर के बाहर जाकर लेखक ने हर पोस्टर पर अपना नाम ब्रश से लिख दिया था।

यह बात अख़बारों से लेकर मुंबई के हर फ़िल्म वाले दफ़्तर में गूँजने लगी। सबको बस यही लगने लगा कि इतना आक्रामक राइटर फ़िल्म इंडस्ट्री में नहीं होना चाहिए। इसको जल्दी-से-जल्दी मुंबई से बाहर धकेला जाना चाहिए।

जिसको पहले सरहद से हिंदुस्तान की तरफ़ धकेला गया। फिर शहरों की दर-बदर की ठोकरें खाने के बाद मुंबई की तरफ़ धकेला गया। जो चाय की दुकान से मोटर गैराज तक गया और मोटर गैराज से सिनेमा में आया और

उसके लिखे गानों वाली हिट फ़िल्म के बाद निर्माता ने एक बनती हुई इमारत में अँधेरी में उसको ठिकाना दिया कि तू जब तक रहेगा, यहीं रहेगा। उस ज़िद्दी आदमी को इंडस्ट्री ने बाहर धकेलने की सोची।

लेखक ने अब एक बड़ी ज़िद पकड़ ली कि वह अब अपना सिनेमा बनाएगा। बताएगा कि एक लेखक जैसा सिनेमा सोचता है, वैसा ही उसे पर्दे पर साकार कर सकता है। वह बताना चाहता था कि वह अच्छा लिख सकता है तो उसे अच्छे-से फ़िल्माया भी जा सकता है।

पता नहीं, लेखक का यह निर्णय सही था या ग़लत लेकिन उसके चाहने वाले कम नहीं थे। उसके एक दीवाने अमीर दोस्त ने उसकी फ़िल्म में पैसा लगाया। जो कुछ पैसा कम पड़ा, वह लेखक ने ख़ुद अपना पैसा लगाया। इंडस्ट्री के किसी भी स्थापित आदमी ने उसकी फ़िल्म में काम करने से इनकार कर दिया।

उसने एक्टर बनने के लिए स्ट्रगल कर रहे एक नए लड़के और लड़की को अपनी फ़िल्म में काम करने को बुलाया। सब लोगों की नज़र थी कि इंडस्ट्री से बाग़ी होकर फ़िल्म बनाने वाले इस लेखक की फ़िल्म कैसी होगी?

फ़िल्म आई। समीक्षकों ने इसे नए सिनेमा का नया चेहरा बताया। समीक्षकों ने लिखा कि बरसों बाद कोई ताज़ा हवा की तरह एक फ़िल्म आई है लेकिन यह अपने समय से आगे की फ़िल्म है।

लेखक समीक्षाओं से अभिभूत था लेकिन फ़िल्म देखने लोग सिनेमाघर नहीं आए। बॉक्स-ऑफ़िस पर फ़िल्म गिर पड़ी। लेखक का पैसा डूब गया। फ़िल्म इंडस्ट्री इस गिरती हुई फ़िल्म को देखकर जश्न में डूब गई। लेखक अवसाद और ओल्ड मोंक में एक साथ डूब गया।

अपने समय के कामयाब लेखक को इस एक असफलता ने तोड़ दिया। यहाँ लोग सब कुछ जानते थे। वे हर बिज़नेस को आकलन कर लेते थे लेकिन वे यह फ़ॉर्मूला आज तक नहीं ढूँढ़ पाए कि एक हिट फ़िल्म कैसे बनाई जा सकती है? सबको उसी की तलाश थी।

12

एक झटके से राइटर की आँखें खुली थी और वह बूढ़े लेखक की हिदायतों के समंदर से बाहर आ गया था। मिस मेलिना के दफ़्तर में अब मीटिंग छोटी हो गई थी। सब लोग उठकर चले गए। केवल एक आदमी बच गया।

वह कमर्शियल मामलों का क्रिएटिव था। हर प्रोडक्शन हाउस के पास इस तरह का आदमी होना ज़रूरी होता है। उसका चेहरा भावविहीन है। क्रूरता ही उसका आभूषण है। कमज़ोर दिल वाले आधे लेखक उसका चेहरा देखकर ही डर सकते हैं। रुपए-पैसे की बात करते हुए वह कभी मुस्कुराता नहीं है। न ही वह लेखक की कहानी और उसके किसी भी ख़ूबसूरत पहलू पर बात करता है। उसका यह मानना है कि कहानी आप लिखो या न लिखो, कोई ख़ास फ़र्क़ नहीं पड़ता है। आप अगर उससे कंटेंट को लेकर बहस में उलझना भी चाहेंगे तो वह आपको टाल देगा। यह ग़लती उसकी नहीं है। उसकी मूलभूत शिक्षा-दीक्षा में ही उसे ऐसे संस्कार मिले हैं, जिनसे उसने यह सीख लिया है कि सिनेमा कंटेंट से नहीं सेट-अप से चलता है। आप उससे कोई भी बात करते रहें, उसको असर नहीं होता है। वह यह तय करके आया होता है कि उसको क्या बात करनी है?

उसे लेखक का मनोबल तोड़ने के लिए ही नौकरी पर रखा जाता है।

राइटर के सामने बैठा यह आदमी भी अपवाद नहीं है। एकदम फ़र्राटेदार अँग्रेज़ी बोलते हुए उसने राइटर को दबोचने की कोशिश की।

"आप हिंदी में बोल सकते हैं?" लेखक ने अपना पलटवार किया।

"यस ऑफ़कोर्स!"

"देखिए, यह एक छोटे बजट की फ़िल्म है।"

"क्या मतलब है इसका?"

"मतलब यह है कि हमारी पिछली दो मेगा बजट फ़िल्में डूब गईं। कुछ नई स्माल बजट फ़िल्मों ने पिछले दिनों कमाल किया है। इसलिए हमारी यह नई यूनिट छोटे सेट-अप के साथ छोटी फ़िल्में बनाएगी।"

"इसका क्या मतलब है?"

"इसका मतलब है कि हम पूरी इंडस्ट्री से ब्रिलिएंट राइटर्स की टीम को ढूँढ़कर निकालेंगे। हमें लगता है कि कंटेंट ही सब कुछ है।" हालाँकि यह कहते हुए क्रिएटिव ख़ुद इस बात पर यक़ीन नहीं कर रहा था।

लेखक धीरे-धीरे समझ रहा था कि बात किस ओर मुड़ने वाली है। यह कोई पहला मौक़ा नहीं था जब कोई उसके सामने बैठा डील कर रहा था।

"देखिए, मैं आपकी हर बात मानने को तैयार हूँ। अब सीधे प्वॉइंट पर आइए। मैं घर से बग़ावत करके लेखक बनने आया हूँ। मुझे पैसे और काम की ज़रूरत है इसलिए आपकी हर शर्त फ़िलहाल मानने को तैयार हूँ।" लेखक ने अपना पक्ष पहले रख दिया।

"मैं यही तो कहना चाहता हूँ कि हम आपको काम तो दे सकते हैं, लेकिन पैसा?"

राइटर चुप था। वह सोचने लगा।

"बजट बहुत टाइट है। अगर हम राइटर्स को पैसा देने लग गए तो हमारी फ़िल्म कैसे बनेगी?" उसका बोलना जारी था, "हमें इसी इंडस्ट्री में काम करना है और यहाँ के ट्रेडिशन है कि राइटर का पैसा नहीं देना है। वह हम नहीं तोड़ सकते। और वैसे भी तो राइटर तो सुपरमैन होता है।"

"सुपरमैन!" राइटर चौंका।

"आप ख़ुद ही तो बता कर रहे थे कि आप मुर्दा लोगों से बात कर सकते हैं। जो बच्चे पैदा नहीं हुए आप उनसे बात कर सकते हैं। आप टाइम ट्रेवल कर सकते हैं। अतीत में जा सकते हैं और भविष्य भी देख सकते हैं।" कमर्शियल क्रिएटिव बोलता ही जा रहा था।

"हाँ, यह सच है लेकिन इससे सुपरमैन से क्या नाता है?"

"सर, ये जो काम आप कर रहे हैं, ये साधारण आदमी के तो नहीं हैं। जब

इतना कर सकते हैं तो आपको खाने-पीने की चीज़ों की ज़रूरत ही क्या है। आप हवा खाकर ज़िंदा रह सकते हैं। आपको अनाज, दूध, ब्रेड, जूस, फलों की ज़रूरत ही नहीं पड़ती होगी। और जब इन सब चीज़ों की आपके घर में ज़रूरत नहीं है तो आपको पैसा क्यों चाहिए। वह तो हम सांसारिक लोगों को चाहिए।"

राइटर मीटिंग से उठ गया। क्रिएटिव उसे रोकने की कोशिश करता रहा। दफ़्तर के रिसेप्शन से वह भुनभुनाता हुआ निकला। सामने से आ रहे ऑटो वाले को आवाज़ लगाई।

वह ऑटो में जा रहा था। ग़ुस्से से उफन रहा था। उस वक़्त अगर उसको माचिस मिल जाती तो शायद वह पूरी दुनिया को आग लगा देता। ऐसी ग़ैर-ज़रूरी दुनिया, जिसमें लेखक के लिए कोई जगह नहीं थी, उस दुनिया को होने की क्या ज़रूरत थी।

13

अँधेरी की एक व्यस्त रोड। उस पर एक गली मुड़ती है। नुक्कड़ पर चाय की एक थड़ी। बग़ल में एक पान-बीड़ी शॉप। एक वड़ा पाव वाला है। तीनों दुकानें स्ट्रग्लर्स को जीने की वजह देती हैं। यह तय करना मुश्किल है कि इन तीनों में एक-दूसरे की पूरक कौन-सी है। जो आदमी सिगरेट पीने आता है, वह पहले वड़ा पाव खाता है, चाय पीता है और फिर सिगरेट का सुट्टा मारकर अगले दो-चार घंटे के लिए ख़ुद को इस शहर में लड़ने लायक़ बना लेता है। ऐसा भी होता है कि कोई अपने दो दोस्तों के साथ चाय पीने आया, उनमें एक का मन वड़ा पाव खाने को हुआ, दूसरे का सिगरेट पीने का। महीने दो महीने में एक बार मुंबई महानगरपालिका की गाड़ियाँ आती हैं। इन्हें उखाड़ ले जाती हैं। फिर कोई नया निज़ाम आता है। नई रेट से हफ़्ता तय होता है। दुकानें वापस काम करने लगती हैं। कोई नहीं चाहता कि इन दुकानों को उजाड़ा जाए। यह सड़क किनारे अतिक्रमण है लेकिन इससे फ़िल्म लाइन की स्ट्रग्लर्स की आत्मीयता हो गई है। बहुत सारी चीज़ें क़ानून का उल्लंघन करती हैं लेकिन वे लोगों का पेट भरती हैं और क़ानून की देवी की आँखों से अगर पट्टी हटाकर पूछा जाए कि क्या इन दुकानों को हटाया जाना चाहिए, तो वह भी साफ़ इनकार कर देगी। आख़िर वह गली बहुत सस्ते में इतने लोगों का पेट भरती है।

इस गली में जिस तरह से लोग रिएक्ट करते हैं, उससे फ़िल्म इंडस्ट्री को भी समझा जा सकता है। जो आदमी सिगरेट पीने आया, वह वड़ा पाव खा रहा है। जो वड़ा पाव खाने आया, वह चाय पी रहा है। जैसे जो आदमी सिंगर

बनने आया, वह गीतकार बन गया। जो एक्टर बनने आया, वह डायरेक्टर बन गया। जो डायरेक्टर बनने आया, वह चीफ़ एडी से आगे वाली रस्सी को नहीं कूद पाया।

इन्हीं दुकानों वाली गली में क़रीब सौ मीटर चलने के बाद दाहिने हाथ की तरफ़ एक और गली मुड़ती है। इस गली में पचास मीटर चलने के बाद बाएँ हाथ की तरफ़ एक बड़ा-सा दरवाज़ा है। इस दरवाज़े में घुसने के लिए लाखों स्ट्रग्लर्स मेहनत करते हैं। दरवाज़े पर सुरक्षा गाड्‌र्स का पहरा है और अगर आपके पास पहले से अप्वॉइंटमेंट नहीं है तो आप अंदर नहीं घुस सकते। इस दरवाज़े पर लिखा है- के. गोमा फ़िल्म्स।

बहुत से लोगों का सपना है कि वे इसके भीतर जा पाएँ। लेकिन इतना आसान नहीं है। कोई भी लड़का या लड़की जब भी इधर से गुज़रता है, वह के. गोमा से मिलना चाहते हैं। लेकिन सुरक्षा घेरा इतना मज़बूत है कि बिना बुलाए किसी भी स्ट्रग्लर का वहाँ कोई स्वागत नहीं करता।

के. गोमा को सब सनकी कहते हैं। उसके बचपन के बारे में लोगों को बहुत ज़्यादा नहीं पता। अब वह एक कामयाब फ़िल्ममेकर है तो उसके बारे में जो जानकारियाँ मिलती रहती हैं, उन्हीं सबको जोड़-जाड़कर उसके बारे में एक अनुमान लगाया जा सकता है। असल में यह शहर कहानी से ही चलता है। आदमी आकर अपनी जो कहानी सुना दे, कालांतर में उसी को लोग धीरे-धीरे सच मानने लगते हैं। के. गोमा की भी कुछ ऐसी कहानी थी, जो इधर-उधर दिए गए उसके इंटरव्यू और दूसरी जगहों से आई जानकारी के आधार पर जुटाई गई थी। असल में वह बिना जड़ों के खड़ा हुआ एक किरदार था। जितना उसकी जड़ों की तरफ़ लोगों ने जाने की कोशिश की तो रहस्य और अंधकार की एक नई परत सामने आती रही।

जैसे उसके बारे में चल रही एक कहानी यह थी।

वह डॉक्टर के पास गया था। उसने कहा था, उसे डर लगता है। हर चीज़ से डर लगता है। लोगों से बात करने से। लोगों के सामने जाने से। उनके सामने अपनी बात रखने से। उसे हमेशा लगता था कि लोग उसके बारे में क्या सोचेंगे।

डॉक्टर ने कहा, यह एक छोटा-सा मनोविकार है। मनोविकार भी नहीं, एक हिचक है। आत्मविश्वास की कमी है। उसने कहा, उसे बिजली के कड़कने

से डर लगता है। बादल की गर्जना सुनकर वह थर-थर काँपने लगता है। उसे लगता है जैसे आसमान से बिजली चलेगी। वह चाहे कहीं दुबक जाए, उसे ढूँढ़ लेगी।

डॉक्टर ने उसे एक टैबलेट दी। उसके साथ एक चेतावनी भी कि इसे उसी वक़्त लेना है जब डर तुमसे बर्दाश्त नहीं हो। यह तुमको थोड़ी-सी हिम्मत देगी।

एक दिन तेज़ बारिश और बिजलियाँ थी। वह सचमुच डर रहा था। उसे डॉक्टर की बात याद आई, उसने वह टैबलेट खा ली। थोड़ी देर बाद उसे लगा जैसे उसका डर सचमुच कहीं चला गया है। फिर उसने कभी-कभार वह टैबलेट खानी शुरू कर दी। जब कभी उदास होता, वह एक टैबलेट खा लेता और उसे लगने लगता जैसे दुनिया अब उसके रहने लायक़ हो गई है।

धीरे-धीरे उसको इस टैबलेट की लत लग गई। उसे हल्का-सा भी असहज महसूस होता, वह वही दवाई लेने लगता। जब कहीं उसे जाना होता, वह यह टैबलेट ले लेता था। इससे उसको लगता था कि उसका आत्मविश्वास लौट आया है।

एक दिन मेडिकल स्टोर वाले को उसकी हरकतों पर संदेह हुआ।

उसने डॉक्टर, उसकी बीमारी और उस दवा को लेकर कुछ सवाल पूछ लिए। वह उनके जवाब नहीं दे पाया। तब फ़ार्मासिस्ट ने उसे दवा देने से मना कर दिया।

अगले दिन वह ज़्यादा डरने लगा। उसे लगा जैसे दुनिया उसके लिए लगभग ख़त्म हो गई है। उसे अपने घर-परिवार में कोई पसंद नहीं करता। पता नहीं कौन-से क्षण में उसने तय किया कि उसे अब यह संसार छोड़ देना चाहिए।

उसने आत्महत्या के तीन विकल्प चुने थे। पहला, नींद की गोलियाँ खाकर सो जाएगा, उसे शायद कोई तकलीफ़ नहीं होगी। गहरी नींद में ही उसके प्राण चले जाएँगे। दूसरा, तेज़ी से आती हुई रेल के सामने कूदेगा। तीसरा, अपने घर के पड़ोस के कुएँ में कूदकर अपनी जान दे देगा। मेडिकल स्टोर वाले के सामने तो वह पहले से ही बेनक़ाब था। उसने बिना डॉक्टर की पर्ची से नींद की गोली देने से इनकार कर दिया। इससे उसका पहला विकल्प काम नहीं आया। उसके बाद वह एक घंटे रेल की पटरी के पास खड़ा रहा। दो रेलगाड़ियाँ गुज़र

गईं लेकिन वह सामने नहीं कूद पाया।

वह इतना ज़्यादा डर गया कि वह तो अब मरने से भी डरने लगा। घर लौटने का उसका मन नहीं था। लेकिन उसके पास कोई विकल्प भी नहीं था। घर ही लौटकर आना था।

उसने अपने सफ़र को मुड़कर देखा। चार साल से मुंबई के स्टूडियोज़ के चक्कर लगाते हुए वह ऑडिशन देकर थक गया था। वह एक प्रशिक्षित अभिनेता था। अभिनय में भी वह घरवालों की मर्ज़ी के ख़िलाफ़ गया था। नेशनल स्कूल ऑफ़ ड्रामा ने उसे रिजेक्ट कर दिया था लेकिन दिल्ली की एक ड्रामा कंपनी में उसे काम मिल गया। नाटक के कुछ अभिनेताओं का मन होता है कि एक दिन वे ख़ुद को सिनेमा के बड़े पर्दे पर देखें। यह सपना के. गोमा ने भी देखा था। वह दक्षिण भारत से आया था। अपनी हिंदी को उसने संघर्ष करके ठीक कर लिया था लेकिन फिर भी उसको इस वजह से काम नहीं मिल रहा था कि वह ठीक से हिंदी नहीं बोल सकता।

यह बॉलीवुड की उलटबाँसी थी, जो ख़ुद कबीर दास आ जाते तो भी नहीं समझ पाते। हिंदी वालों को इसलिए यहाँ हीन माना जाता है कि उन्हें अँग्रेज़ी नहीं आती। भारत के विभिन्न हिस्सों से आए अभिनेताओं को इसलिए काम नहीं मिलता कि वे अच्छी हिंदी नहीं जानते। उनके भीतर हिंदी न जानने की कुंठा है। यह साज़िश रचने वाला परमात्मा की तरह अदृश्य है। आप उसे पकड़ नहीं सकते कि वह कौन आदमी है जो हिंदी जानने वाले और हिंदी न जानने वाले दोनों में ही कोई भेदभाव नहीं करता है। के. गोमा इसी साज़िश का शिकार था।

इस शहर ने उसके भीतर ज़हर भर दिया। यह ज़हर उसके अंदर तक इतना घर कर गया कि उसे आदमी के व्यवहार से ही नफ़रत-सी होने लगी। इसका पहला असर उसके पारिवारिक जीवन पर पड़ा। लोग उसके परिवार के बारे में ज़्यादा नहीं जानते। संघर्ष के दिनों में उसने किसी को नहीं बताया। जब कामयाब हुआ तब तक वह आदमी ही नहीं रह गया था। उसने इस दर्शन को मान लिया था कि दुनिया हरामख़ोरों का अड्डा है। सिर्फ़ इसलिए बची हुई है कि हरामख़ोर लोग यहाँ और हरामख़ोरी कर सकें।

प्रोडक्शन हाउसेज़ में ऑडिशन देते हुए वह थक चुका था। हर जगह से इनकार और ऊबने के बाद उसने तय किया कि वह अपनी कहानी लिखेगा।

जैसे वह सोचता है, उस तरह की फ़िल्म बनाएगा।

उसने कहानी लिखी। एक जवान लड़के के ग़ुस्से की कहानी। एक हिंसा की कहानी। एक ऐसी कहानी जिसे उस दौर की इंडस्ट्री में कोई बेचने निकले तो ख़रीदार न मिले। सारा सिनेमा इमोशनल और फ़ैमिली ड्रामा पर चल रहा था। उसने लोगों को कहानी सुनाई। किसी ने उसकी कहानी पर भरोसा नहीं किया। कोई यह मानने को तैयार नहीं था कि ऐसी कहानी चलेगी। सबने कहा, यह कहानी ही नहीं है। यह एक कुंठित आदमी का हिंसक प्रलाप भर है।

और एक वक़्त ऐसा आया जब उसने तय किया कि अब यह दुनिया उसके रहने के लायक़ नहीं बची है। उसे यह दुनिया छोड़ देनी चाहिए। उसके आत्महत्या करने के प्रयास के पीछे की वजह केवल एक नहीं थी। उसकी भूमिका धीरे-धीरे बनती गई।

उसकी वजह थी उसका परिवार। दो बड़े भाई। उसकी भाभियाँ। उसकी बीवी और उसकी एक छोटी-सी बेटी। जिनको निस्संदेह वह पाल नहीं रहा था। वे एक संयुक्त परिवार की सामूहिक ज़िम्मेदारी थीं। वह हमेशा भाइयों के सामने दबकर ही रहा था। वह कभी उनसे सिर उठाकर बातचीत नहीं कर सकता था लेकिन अवसाद के दौरान एक दिन उसने बेशुमार शराब पीकर अपने भाइयों से अपने हिस्से की संपत्ति माँग ली थी।

भाइयों ने कहा, "संपत्ति तो देंगे लेकिन तुम्हारी बीवी और बच्ची की ज़िम्मेदारी भी तुम्हें ही उठानी होगी।"

उसने कहा, "मैं सब कुछ बेचकर फ़िल्म बनाऊँगा।"

एक मध्यवर्गीय परिवार में तो यह आणविक धमाका था। सबसे बड़े भाई की शादी के बाद जब दोनों छोटों की बारी आई तो एक साथ लड़कियाँ देखी गईं। क्योंकि उस अकेले से शादी करने को कोई राज़ी न था। दो बहनें एक घर में थीं, इसलिए एक निकम्मे भाई के चलते भी परिवार चल ही रहा था। यह मान लिया गया था कि यह ज़िद्दी आदमी है। परिवार की सामूहिक ज़िम्मेदारी है। इसे जैसे-तैसे निभाया जाएगा। कोई भी आदमी अपने घर में कलाकार को पनपते हुए नहीं देखना चाहता। ये भाई भी तो अपवाद नहीं थे। इसके बावजूद वे अपने भाई की आंशिक बदतमीज़ियाँ बर्दाश्त कर रहे थे। संपत्ति में अपने हिस्से की माँग ने घर के सोचने का तरीक़ा बदल दिया। वे आदमी से राक्षसों में बदल

गए। के. गोमा को भाइयों ने पीटा। उसे पीट-पीटकर बेहाल कर दिया। कमरे में बंद कर दिया। उसको साफ़-साफ़ कह दिया गया कि वह कुछ भी कर सकता है, लेकिन ऐसा उसको वे लोग हरगिज़ नहीं करने देंगे कि बाप-दादाओं की गाढ़ी कमाई नाच-गाने वाली दुनिया में उड़ाई जाए। वह ख़ानदान ही ऐसा था कि फ़िल्मों के बारे में सोचना वहाँ एक सामाजिक अपराध था।

टूट चुके के. गोमा ने आत्महत्या का रास्ता चुना था। दो तरीक़ों से विफल होने के बाद वह कुएँ में कूद गया था। उसे तैरना नहीं आता था। कूदने की आवाज़ भर से लोग समय पर पहुँच गए। यहाँ भी उसे बचा लिया गया था।

उसने पूरे गाँव के सामने भरी महफ़िल में ऐलान किया कि अगर वह अपनी पुश्तैनी संपत्ति का मनमाफ़िक़ इस्तेमाल नहीं कर सकता तो इससे बेहतर है मर जाए। उसने चिल्ला-चिल्लाकर कहा कि उसके भाई उसके हिस्से की संपत्ति पर क़ब्ज़ा कर रहे हैं। हालाँकि परिवार और रिश्तेदारों में सब लोग यह बात जानते थे कि गोमा एक नंबर का लापरवाह और फ़क़ीर आदमी है। जो आदमी अपनी बीवी और बच्ची के बारे में एक ज़रा-सा भी नहीं सोचता, वह किस हक़ से अपनी संपत्ति में हिस्सा माँग रहा है। परिवार की बदनामी तो थी ही। के. गोमा इसकी परवाह भी नहीं कर रहा था। भाइयों ने लोक-लाज के कारण उसके हिस्से की संपत्ति उसे सौंप दी। उन्हें लगता था कि शायद वह कुछ ज़िम्मेदार व्यवहार करेगा लेकिन के. गोमा की सनक तो स्थायी थी। वह उसे बेचकर मुंबई चला गया। बीवी और बच्ची फिर उन्हीं भाइयों के ज़िम्मे रह गईं।

के. गोमा ने अपनी लिखी पटकथा को शूट किया और उसके बाद मुड़कर नहीं देखा। गोमा ने अपनी पहली फ़िल्म के साथ ही इशारा कर दिया कि बंबई को अपने सिनेमा की कहानियाँ बदलनी पड़ेंगी। फ़िल्म बॉक्सि-ऑफ़िस पर सुपरहिट थी। फ़िल्म बनने से पहले यह कोई नहीं जानता कि उसका भविष्य क्या होगा लेकिन उसकी फ़िल्म ने सिनेमा की धारा बदल दी थी।

के. गोमा के पास नई फ़िल्मों के ऑफ़र्स की भरमार थी। उसने भाइयों से मिला पैसा उनको लौटाया और कहा, अब मैं सबके लिए मर गया हूँ। मुझे किसी से मोह नहीं है। न भाई से, न माँ से, बीवी और अपनी बच्ची से भी नहीं। लोग उसे भावविहीन राक्षस कहते थे लेकिन जब कैमरा ऑन होता था

तो गोमा एक मासूम बच्चे की तरह दिखने लगता था। जिस आदमी के जीवन में प्रेम नहीं था, उसने प्रेम में आकंठ डूबी हुई कहानियाँ कही। उसने बेहतरीन थ्रिलर बनाए।

उसका संयोगों में यक़ीन है। उसे लगता है, जो कुछ है, यही क्षण है। जो बीत गया, वह हमारा नहीं। जो आया नहीं, उसे हमने देखा नहीं।

वह हर काम में डूबता चला जाता था। वह जब पार्टी करता था तो डूबकर पार्टी करता था। वह पागलों की तरह नाचने लगता था। सब लोग थक जाते थे लेकिन वह शराब पीते हुए भी नहीं थकता था और नाचते हुए भी नहीं।

वह खाना खाता था तो खाता ही जाता था। उसकी थाली में जब चावल और दाल होते थे तो ऐसे लपकता था जैसे कोई भूखा कुत्ता हो। खाते हुए उसके मुँह के दोनों तरफ़ से चावल और दाल नीचे गिरते रहते थे और वह दाल में चावल के गोले बनाकर उन्हें सीधे निगलता था। अगर उसे कोई खाना खाते हुए देख ले शायद जीवन भर के लिए दाल-चावल खाने से ऊब जाए।

वह जब भी कोई काम करने लगता था तो इतना डूब जाता था जब तक कि काम ख़त्म नहीं हो जाए। जब नई स्क्रिप्ट पर काम शुरू करता था तो कई दिनों तक नहीं सोता था। उसे लगता था, जैसे विचार एक बार आ गया है तो उसे ख़त्म करके ही सोना चाहिए। जब वह लिखने की मेज़ पर होता था तो उसका फ़ोन बंद होता था, हाथ चलता रहता था। उस दौरान वह कोई नशा नहीं करता था और न ही खाना खाता था। बस ब्लैक कॉफ़ी पीता रहता था। जब स्क्रिप्ट का एक ड्राफ़्ट पूरा कर लेता था, तो सो जाता था और सोने के बाद तो कुंभकर्ण की तरह उठने का नाम नहीं लेता था।

उसका जीवन एक अघोरी की तरह था। वह दिखने में अजीब था लेकिन जिसके साथ उसका संबंध बन जाता था, वह उसके लिए कुछ भी करता था।

एक बार विदेश से लौटते हुए मुंबई एयरपोर्ट पर उसके बैग्स की तलाशी हुई तो उसके हर बैग से कई क़िस्म के लेडीज अंडरवियर और ब्रा निकले थे। पूछताछ में उसने बताया कि वह उस हीरोइन के लिए लेकर आया है, जो उन दिनों उसके साथ डेट पर थी। उसकी हीरोइन दोस्त अंडरगार्मेंट्स के मामले में बहुत चूजी थी इसलिए बाज़ार से जितने मिल सकते थे, उतने उठा लाया था।

इसका दूसरा पक्ष यह भी था कि वह जितनी जल्दी संबंध गहरे करता था,

उतना ही जल्दी उन्हें तोड़ भी लेता था। उसे कोई फ़र्क़ नहीं पड़ता था कि आप उसके जीवन में कितनी अहमियत रखते हैं।

इस इंडस्ट्री में संयोग की अहमियत को वह समझता था। वह हरेक पल को जीने में और उस पल पर यक़ीन करने में भरोसा करता था।

उसकी ज़िंदगी का फ़लसफ़ा था कि आने वाला पल जाने वाला है। हो सके तो इसी पल में ज़िंदगी बिता दो। इसी फ़लसफ़े पर तो चलते हुए उसने इंडस्ट्री को एक स्टार दे दिया था।

एक बार के. गोमा लाल बत्ती पर खड़ा था। उसने देखा कि एक लड़का बग़ल में बाइक पर था। वह बुदबुदा रहा था। के. गोमा ने खिड़की खोली। बाइक वाले की आँखें फटी-की-फटी रह गई कि वह लाल बत्ती पर के. गोमा के बग़ल में खड़ा है। के. गोमा उसे ग़ौर से देखता रहा। तब तक ग्रीन लाइट हो गई।

गाड़ी चलने ही वाली थी कि उसने लड़के से कहा, "आधे घंटे बाद ऑफ़िस आकर मिलो।"

के. गोमा को कौन नहीं जानता था लेकिन लड़के को अपनी आँखों पर भरोसा नहीं हुआ। लड़का एक स्ट्रग्लिंग एक्टर था। उसे कुछ समझ में नहीं आया। उसे लगा जैसे वह कोई सपना देख रहा है। उसे कुछ समझ में आता तब तक बत्ती हरी हो गई थी। के. गोमा की गाड़ी आगे चली गई थी। गोमा किसी के लिए नहीं रुकता। वक़्त के लिए भी नहीं। वह कभी वक़्त देखता ही नहीं था। उसके दफ़्तर में घड़ी नहीं होती थी लेकिन वक़्त का हिसाब हमेशा उसके दिमाग़ में चलता था। वह बेवजह किसी के साथ दो मिनट भी नहीं बिताता था।

दो दिन बाद लड़के ने शाम को दोस्तों के साथ बीयर पीते हुए अपने साथ दिन में हुई सपने जैसी घटना का ज़िक्र किया। पहले तो दोस्तों को यक़ीन नहीं हुआ। लेकिन बाद में उन्होंने उसे बताया कि उसने ज़िंदगी में बहुत बड़ा मौक़ा खो दिया है। के. गोमा ने आधे घंटे में मिलने के लिए कहा था लेकिन उसने तो दो दिन लगा दिए हैं।

उसके एक दोस्त ने कहा, वह शाम को सिटी मॉल के पास एक पब में रोज़ शराब पीने आता है। उसके कुछ दोस्तों की गैंग है। उसके अलावा वह किसी के साथ बैठना पसंद नहीं करता।

लड़का वहाँ से उठकर उस पब में चला गया। के. गोमा ने उसे वहाँ से वापस भगा दिया और कहा, "चार दिन पहले तुम्हें बुलाया था।"

"सॉरी सर!" लड़के ने कहा।

"यू आर नॉट सीरियस अबाउट योर जॉब मैन।"

"सर, मुझे लगा यह मज़ाक़ है। आप कैसे मुझे चौराहे से बुला सकते हैं।"

के. गोमा ने उसकी बात को अनसुना कर दिया। वह कुछ भी व्यर्थ सुनता नहीं था। उसने लड़के की तरफ़ सिर घुमाया और पूछा, "व्हॉट्स द डेट टुडे?"

लड़के ने तारीख़ बताई।

के. गोमा ने साल भी पूछा। लड़के ने बताया। के. गोमा मन-ही-मन बुदबुदाया। फिर उसने लड़के की बताई तारीख़ और सन में चार साल और जोड़ दिए।

"कम टू ऑफ़िस ऑन 7 ऑगस्ट।"

लड़के को लगा, गोमा मज़ाक़ कर रहा है। उसने एक बार फिर सुनिश्चित किया। गोमा मज़ाक़ नहीं कर रहा था। उसने लड़के को चार साल बाद आने के लिए बोला था।

लड़का स्ट्रगल में था। उसने अपमान का घूँट पी लिया, लेकिन चार साल बाद वह जब जाकर मिला तो के. गोमा को याद था कि उसने उसे बुलाया था। वह चार साल से अभी तक मुंबई में धक्के खा रहा था। हर जगह से उसको निराशा हाथ लग रही थी। एक कास्टिंग डायरेक्टर ने तो उसके बारे में यह कह दिया था कि उसके हीरो बनने की संभावना ज़ीरो है। इसलिए उसे टीवी और दूसरे कैरेक्टर रोल्स के लिए मना नहीं करना चाहिए। लड़का धुन का पक्का था। वह केवल इस आधार पर संघर्ष जारी रखे हुए था कि के. गोमा ने उसे चार साल बाद मिलने के लिए कहा है। वह इस क़दर थक चुका था कि उसने तय कर लिया था कि अगर के. गोमा अपना वादा भूल गया है तो वह अपना भाग्य स्वीकार कर लेगा। अपने शहर वापस लौट जाएगा या टेलीविजन और सिनेमा में छोटे-मोटे रोल करते हुए जैसे-तैसे अपना जीवन गुज़ार लेगा।

ठीक सात अगस्त को वह लड़का के. गोमा फ़िल्म्स के बाहर पहुँचा। गेट पर दरबान ने उसे रोक लिया। उसने पूछा, "आपने अप्वॉइंटमेंट लिया था?"

लड़के ने कहा, "हाँ!"

दरबान ने पूछा, "कितने बजे बोला था उन्होंने?"

उसने याद करने की कोशिश की। उसे सिर्फ़ इतना याद आया कि वक़्त तो गोमा ने उसे नहीं बताया था। उसने बस तारीख़ बोली थी, सात अगस्त। उसने गार्ड से कहा, "उन्होंने वक़्त नहीं बताया था। बस आज की तारीख़ बताई थी कि मुझे सात अगस्त को आना है।"

"कब बोला था आपको गोमा सर ने?"

"चार साल पहले। चार साल पहले उन्होंने मुझे बोला था कि मुझे सात अगस्त को ऑफ़िस आना है।"

दरबान उसे ऊपर से नीचे तक देखता रहा। उसे कुछ भी समझ में नहीं आया कि आख़िर हो क्या रहा है।

दरबान ने कहा, "आपको ग़लतफ़हमी हुई है। आज दिनभर वे बहुत व्यस्त हैं। मुझे उन्होंने कहा है, वे किसी से नहीं मिलेंगे। सारी मीटिंग्स कैंसल हैं। आज वे पूरी टीम के साथ फ़ाइनल नैरेशन में बैठे हैं। उसके बाद कुछ एक्टर्स के लुक टेस्ट हैं। वे किसी से भी नहीं मिलेंगे।"

"लेकिन उन्होंने मुझे आज ही बुलाया है।"

दरबान को उस दफ़्तर में आने वाले अवसाद से घिरे स्ट्रग्लर्स से निपटने का काफ़ी अनुभव था। वह सबसे प्यार से बात करता था। किसी की उम्मीद को खंडित नहीं करता था। दरबान को लगा लंबे समय तक स्ट्रगल करते रहने से इस युवक का मस्तिष्क इस तरह के विचित्र ख़याल बुन रहा है कि गोमा ने उसे चार साल पहले आज के दिन मिलने बुलाया था।

दरबान नहीं जानता था कि जिस तरह उस दरवाज़े के बाहर घूम रहे युवक की हरकतों को वह पागलपन समझ रहा है, वैसी ही पागलपन की हरकतें उस दरवाज़े के अंदर की तरफ़ रहने वाले उसके बॉस की हैं। उसे इतना नहीं सोचना था। उसे बॉस का हुकुम मानना था कि आज वह किसी से नहीं मिलेगा।

दरबान ने लड़के को बाहर की तरफ़ हल्का-सा धकेलते हुए के. गोमा फ़िल्म्स का दरवाज़ा बंद करने के लिए खिसकाया। लड़का एकदम से तनाव में आ गया। उसको लगा यह दरवाज़ा आज इस वक़्त अगर बंद हो गया तो इस शहर में उसके लिए सारे दरवाज़े अब हमेशा के लिए बंद हो जाएँगे।

उसने दरवाज़े और दीवार के बीच अपना हाथ फँसा दिया। दरबान ने उसे

चेतावनी दी कि उसे चोट लग सकती है। लड़के ने उस चेतावनी की परवाह नहीं की। उसने और ताक़त से अपना हाथ फँसाया और कंधे का सहारा देकर दरवाज़ा अंदर की तरफ़ खिसका दिया। उसने रिक्वेस्ट की, "एक बार गोमा सर को कह दीजिए कि मैं आया हूँ।"

दरबान को इस बार ग़ुस्सा आ गया। उसने पूरी ताक़त से लड़के को धक्का दिया और चिल्लाया, "बोल दिया ना कि आज सर किसी से नहीं मिलेंगे। तुमको एक बार में समझ में नहीं आता क्या?"

"मैं आपसे भी तेज़ चिल्ला सकता हूँ। मैं कहता हूँ ना कि मुझे उन्होंने आज ही बुलाया था।" लड़का अब करो या मरो पर आ गया था।

शोर सुनकर गोमा का ड्राइवर बंटी वहाँ आ गया। उसने बीच-बचाव किया। दोनों की बात सुनी। वह अपने के. गोमा को दरबान से ज़्यादा जानता था। उसने दरबान को धीरे से कहा, "एक बार पूछ तो लो सर को।"

इंटरकॉम पर फ़ोन था। गोमा ने कहा, "बोला था ना कि नो मीटिंग्स टुडे। कौन आया है?"

"सर बंटी हूँ। ये कह रहे हैं कि आपने अप्वॉइंटमेंट दिया था।" बंटी ने फ़ोन किया था। क्योंकि दरबान ने डरते हुए माफ़ी माँग ली थी कि वह गोमा सर को फ़ोन नहीं कर सकता।

"मैंने?"

"चार साल पहले सर। आपने चार साल पहले इनको बोला था कि सात अगस्त को ऑफ़िस आ जाना।" बंटी ने कहा।

के. गोमा ने फ़ोन काट दिया। बंटी ने फ़ोन रखा। एक बार दरबान की तरफ़ देखा और फिर लड़के की तरफ़। दरबान समझ गया कि लड़के को मैनेज करते हुए बाहर निकालना है। उसने अपने दोनों हाथों से पैंट को कमर के पास से पकड़ा और थोड़ा ऊपर खींचते हुए लड़के को धक्का देने की तैयारी की।

"अंदर बुला रहे हैं।" दरबान ने आवाज़ सुनी। उसने मुड़कर देखा। बंटी था।

"सर कह रहे हैं, सीधे अंदर भेज दो नैरेशन में।"

दरबान का चेहरा देखने लायक़ था। वह बुदबुदाया, जिसे वह केवल ख़ुद समझ सकता था- 'चार साल! चार साल पहले! यह कैसे हो सकता है!'

क्योंकि दरबान यह नहीं जानता था कि वही लड़का के. गोमा की अगली लव स्टोरी का हीरो था और उस फ़िल्म ने बॉक्स ऑफ़िस के पुराने सारे रिकॉर्ड ध्वस्त कर दिए। फिर तो के. गोमा का क़द और बड़ा हो गया।

इंडस्ट्री को एक नया सुपरस्टार मिल गया।

14

लड़की की जान-पहचान कास्टिंग डायरेक्टर से बढ़ गई थी। इस बीच उसने दो-तीन बार टेक्स्ट किया। एक-दूसरे का हाल-चाल पूछा। दोनों एक कॉफ़ी पर मिलने का वादा लेते और वह दिन किसी-न-किसी वजह से आगे टलता जाता।

लड़की की अपनी हड़बड़ी थी। उसने उसका वादा याद दिलाया कि वह उसे के. गोमा से मिलवाएगा।

कास्टिंग डायरेक्टर को लग रहा था कि इस लड़की पर ज़रूरत से ज़्यादा समय ख़र्च कर रहा है। उसका परीक्षण करना चाहिए कि वह उसके प्रति लॉयल है भी या नहीं? उसने लड़की को मैसेज किया कि अगर उसके पास समय है तो उसे एक ऑडिशन देना चाहिए।

"कब?" लड़की ने पूछा।

"आज शाम?" दूसरी तरफ़ से सवाल आया।

"यस।" लड़की ने जवाब दिया, "टेक्स्ट मी एड्रेस प्लीज़!"

उसे बताया गया था कि यह किसी नए निर्माता की फ़िल्म है और यह भूमिका लीड हीरोइन के लिए है।

वह बारिश वाली शाम थी। कास्टिंग डायरेक्टर उसे अपने अँधेरी वाले ऑफ़िस में बुलाया था। लोकेशन भेज दी थी। लड़की भीगते-भागते पहुँची थी। उसके दफ़्तर पहुँचकर लड़की ने जाना कि दरअसल वह दफ़्तर नहीं, एक अपार्टमेंट था। टिमटिमाती रौशनी थी। एक ख़ुशबू फैली थी। दरवाज़ा खोलते ही

कास्टिंग डायरेक्टर ने इस बात के लिए माफ़ी माँगी कि वह उसे एक सरप्राइज़ देना चाहता था, इसलिए उसको यहाँ बुलाया।

उसने कहा कि उसने के. गोमा से बात की है। वह उसकी मीटिंग करवाएगा। उसका एक दोस्त के. गोमा का असिस्टेंट है। तुम चाहो तो उसको भी हम डिनर पर बुला सकते हैं।

"लेकिन वह ऑडिशन?" लड़की को उसकी कहानी पर शंका हुई।

"वह भी हो जाएगा। पहले अपनी बातचीत कर लें।"

डायनिंग टेबल पर उसने एक बड़ी-सी मोमबत्ती जलाई थी। रौशनी रंग-बिरंगी थी। एक वाइन की बोतल रखी थी। दो गिलास क़रीने से सजाए गए थे।

लड़की को पहली बार लगा कि यह शहर उतना बुरा नहीं, जितना उसके बारे में लोग बात करते हैं या अवसाद में जा चुके स्ट्रग्लर्स कहते हैं। लड़की पर शहर का रंग धीरे-धीरे चढ़ रहा था। कई बार ऐसा भी होता था कि वह उस रंग को सुबह रगड़-रगड़कर उतारने की कोशिश करती। कभी उसे वह रंग देखकर ख़ुद पर प्यार आता कि आख़िरकार उसकी ज़िद एक दिन उसे कहीं लेकर जाएगी।

वाइन का आधा गिलास भरा था। कास्टिंग डायरेक्टर ने उसे सलीक़े से देते हुए दूसरा गिलास अपने हाथ में उठाया और दोनों ने एक साथ कहा, "चीयर्स!"

"तुम में संभावना है।" कास्टिंग डायरेक्टर ने कहा।

"सर?" लड़की का आभार भी था और सवाल भी।

"मैंने तुम्हारे ऑडिशंस देखे हैं। उनमें कुछ बात है। मुझे अफ़सोस है कि मैंने वे पहले क्यों नहीं देखे!"

लड़की ने सिर्फ़ यह कहा, "थैंक यू सर! इट मीन्स अ लॉट फ़ॉर मी।"

लड़की शर्म और ख़ुशी से लाल थी।

"इस शहर का क़ायदा है कि अपना फ़ायदा देखो। एक बार नज़र में आ गई तो वारे-न्यारे हैं।" कास्टिंग डायरेक्टर एक सुलझा हुआ शिकारी था।

लड़की ने एक बार फिर कहा, "थैंक यू सर!"

"के. गोमा का नंबर लिखो।"

लड़की ने नंबर लिख लिए।

"वह पागल आदमी है। उसको किसी दिन वैसे ही मैसेज करो कि तुम उससे मिलना चाहती हो।" कहते हुए कास्टिंग डायरेक्टर ने लड़की की जाँघ पर अपना हाथ रख दिया।

लड़की बुरी तरह काँप गई। उसे काफ़ी असहज लगा लेकिन जितने क़िस्से सुन रखे थे, उस आशंका ने उसे जल्दी से प्रतिक्रिया देने से रोक लिया।

कास्टिंग डायरेक्टर का हाथ आगे बढ़ने लगा तो लड़की ने आगे खिसककर जगह बना ली।

"आई एम नॉट फ़ीलिंग वेल। मुझे घर जाना चाहिए।"

कास्टिंग डायरेक्टर ने पहले इनकार को हल्के में लिया। हर लड़की इनकार करती ही है। उसने अब तक यही पहाड़ा सीखा था। उसने लड़की को दबोचने की कोशिश की। लड़की अपनी जगह से हट गई। वह डायनिंग टेबल की कुर्सी से जा टकराया। उसने देखा, उसके होंठ का एक सिरा कुर्सी से टकराते हुए दाँतों के बीच आकर छोटा-सा कट गया है। उसके मुँह में ख़ून लग गया।

"सॉरी सर आपको चोट लग गई।" और उसके चेहरे पर वितृष्णा और ग़ुस्से से भरी हल्की-सी मुस्कान आ गई। यह कास्टिंग डायरेक्टर के ईगो हर्ट होने वाली घटना थी।

"मैं जैसा कहता हूँ, वैसा करोगी तो रानी बनकर राज करोगी इस इंडस्ट्री में। वर्ना इस शहर में रह नहीं पाओगी।" अब वह कलाकार से एक कुंठित मर्द में बदल गया था।

लड़की ने कहा, "मुझे घर जाना है। वर्ना मैं चिल्लाऊँगी।"

इस बार कास्टिंग डायरेक्टर डर गया था। लड़की दरवाज़े की तरफ़ भागी। उसने उसे रोकने की कोशिश नहीं की। वह स्तब्ध था। उसके साथ ऐसा पहले कभी नहीं हुआ था। इतने आत्मविश्वास से किसी लड़की ने उसको पीछे नहीं धकेला था। वह अंदर तक डर गया था।

लड़की ने दरवाज़ा खोला और बदहवास-सी लिफ़्ट का इंतज़ार किए बिना सीढ़ियों से दौड़ पड़ी। उसे सीढ़ियों में कोई नहीं मिला। उस दौरान उसने सामान्य होने की कोशिश की लेकिन उसके चेहरे के रंग उड़े हुए थे। उसे बिल्डिंग की लॉबी से निकलते हुए गार्ड ने देखा। गार्ड के चेहरे पर मुस्कुराहट

थी। उसने पास बैठे दूसरे गार्ड से फुसफुसाहट के साथ कहा, "मैडम, हीरोइन बनकर आ गई हैं।"

गार्ड बड़े समझदार थे। उन्होंने उस इमारत से कई बार इसी तरह लड़कियों को निकलते देखा था जो बाद में हीरोइन बनकर वापस उस इमारत में आई थीं।

लड़की को जो पहला ऑटो दिखा, उसी के आगे हाथ दिया। उसमें बैठ गई। वह फूट-फूटकर रोना चाहती थी लेकिन उसे लगता था कि उसके रोने पर कौन उसे चुप कराएगा। असल में वह अपना रोना रोक नहीं पाई। उसकी आँखों से पानी बहने लगा। उसने फ़ोन उठाया और लड़के को मिलाया।

वह एकदम चुप थी। बस सुबक रही थी। लड़के ने पूछा, "कहाँ हो तुम ?"

वह चुप थी।

"हुआ क्या है ?" लड़का कुछ समझने की कोशिश कर रहा था। वह तब भी चुप रही।

"कुछ बोलोगी नहीं तो कैसे पता चलेगा कि बात क्या है ?" लड़के का धैर्य जवाब दे रहा था।

"मुझे मिलना है तुमसे" और वह फूट-फूटकर रोने लगी। उसे कोई कारण समझ में नहीं आ रहा था कि उसने लड़के को फ़ोन क्यों किया ? उसे कुछ नहीं समझ में आ रहा था कि उसे क्या करना चाहिए। उसे जो समझ में आया वह उसने किया।

"कहाँ मिलोगी ?" लड़के ने पूछा।

"जहाँ तुम कहोगे।" उसने कहा।

15

मढ आयलैंड के मढ मार्केट के इस कमरे में यह दिन अलग है। बाहर बारिश तेज़ हो गई है और बेशुमार पानी बरस रहा है। उससे ज़्यादा इस कमरे में आँसू बरसे हैं। अपने सपनों के लिए स्ट्रगल करते हुए इस तरह से टूटना सबसे अलग टूटना है। इस टूटने में उन सब ग्रंथों का खंडन है, जो यह दावा करते हैं कि कोशिश करने वालों की कभी हार नहीं होती। ऐसी सूक्तियाँ एक धोखे की तरह आती हैं। वे अवसर पाकर नई परिभाषा गढ़ लेती हैं। जैसे देर से मिला न्याय, न्याय नहीं होता वैसे ही इस छोटे से मनुष्य जीवन में हर मेहनत और हर कोशिश की एक सीमा होती है। कभी-न-कभी मनुष्य टूटता है। किसी सुप्त पड़े ज्वालामुखी की तरह फूटता है।

लीक-लीक कायर चले, लीकहि चलै कपूत।
लीक छोड़ तीनों चलें, शायर, सिंह, सपूत।।

यह दोहा भी उन लोगों को झाड़ पर चढ़ाने का काम करता है, जिनके दिमाग़ में कोई केमिकल लोचा हो जाए। जो दुनिया में कुछ अपने ढंग का रास्ता अपनाना चाहते हैं। लीक छोड़कर चलने वाले तमाम दृढ़-निश्चयी लोगों के जीवन में एक वक़्त ऐसा आता होगा कि वे अपने ही निर्णय पर प्रायश्चित करते होंगे। लोगों के सामने शायद वह बात क़बूल न भी करें लेकिन उनके भीतर से एक आवाज़ आती है कि जब घर-परिवार और दोस्त एक सीधे रास्ते पर चलने की सलाह दे रहे थे, उस दिन उसके भीतर ऐसा क्या घटित हो रहा था कि वह उनका पक्ष तक सुनना नहीं चाहता था। किसी कमज़ोर क्षण में उनको लगता

होगा कि संघर्ष करने का उनका रास्ता इतना लंबा है कि पूरा जीवन छोटा जान पड़ता है। क्या पूरे जीवन उनको यही संघर्ष करना है। एक दिन वह मुड़कर भी देखते होंगे। याद करते होंगे कि जब उन्होंने यात्रा शुरू की थी तो क्या उनके पास चुनने के लिए कोई बेहतर रास्ता नहीं था?

यह टूटना वही टूटना था। एक लड़का, एक लड़की एक दिन इस शहर में उतरे थे। दोनों एक-दूसरे के कंधे पर सिर टिकाए थे। इस शहर में मेहनत से ज़्यादा समझौते करने पड़ते हैं।

सबका अपना सच होता है। इन दोनों का सच यह है कि दोनों इस शहर में भटकते हुए टूटकर घर लौटे थे। सँभलने के लिए उनके पास एक-दूसरे की बाहें थीं। कई बार टूटना व्यर्थ भी नहीं होता। दोनों ने एक-दूसरे को खोज लिया था।

"मैं घर जाना चाहती हूँ। मम्मी-डैडी से माफ़ी माँग लूँगी।" लड़की ने कहा।

"वे तो माफ़ कर देंगे, लेकिन क्या तुम ख़ुद को माफ़ कर पाओगी?" लड़के ने कहा, "हारकर लौटने वाले सैनिक अक्सर अवसाद से मर जाते हैं।"

"मुझे लगता है, मैं कोई समझौता नहीं कर पाऊँगी।" लड़की ने कहा।

"किसने कहा समझौता करो, लेकिन मैदान मत छोड़ो।" लड़के ने कह तो दिया लेकिन वह तो ख़ुद भीतर से डरा हुआ था।

वे खरगोश की तरह एक-दूसरे में दुबक गए। उनका डर चरम पर था। डर से उबरने के लिए वे देर तक एक-दूसरे को चूमते रहे। वे एक-दूसरे के भीतर तक उतरते चले गए। एक-दूसरे में उतरने के दौरान उनको एक पुनर्जीवन मिला। प्रेम किसी भी प्राणी के भीतर साहस भर देता है। प्रेम करते हुए इन दो खरगोशों को यह पुख़्ता यक़ीन हो रहा था कि वे एक दिन शिकारियों को पछाड़ देंगे।

16

सब जानते थे कि सुपरस्टार के करियर की पहली फ़िल्म के. गोमा के साथ थी। गोमा के साथ काम कर चुके लोग एक अपनी नई सिनेमा की दुनिया बना रहे थे। सुपरस्टार यह बात जानता था कि उसकी ज़िंदगी में के. गोमा की हमेशा जगह रहेगी लेकिन वह यह भी जानता था कि के. गोमा की सनक की वजह से उसकी ज़िंदगी के चार क़ीमती साल बरबाद हो गए थे। उसने पहली मीटिंग के बाद अगली बार उसे पूरे चार साल बाद बुलाया था। उस दिन सुपरस्टार जुझारू था लेकिन आज तो एक कामयाब आदमी था। उसके मन में के. गोमा के लिए कोई आदर नहीं था। उस दिन पब में हुए अपमान और फिर चार साल के संघर्ष का घाव उसके मन में हरा है। सच तो यह है कि गोमा की सनक एक वायरस थी। जिसकी चपेट में वह हर आदमी आया जिसने उसके साथ काम किया। सबने यह मान लिया की रचनात्मक लोगों के भीतर एक सनक हमेशा होनी चाहिए। इसका एक असर यह भी हुआ कि सारे लोग एक कृत्रिम सनक भी अपने भीतर पालने लगे।

इस बीच सुपरस्टार और के. गोमा के दरम्यान एक अदृश्य अघोषित शीत युद्ध का सार्वजनिक ख़ुलासा हो गया। दोस्तों के बीच दारू पीकर टुन्न हो गए सुपरस्टार ने गोमा को चूतिया कहा, लड़कीबाज़ कहा और यह भी कहा कि वह गोमा के साथ फिर कभी काम करना पसंद नहीं करेगा।

वीडियो वायरल हुआ। सबने देखा कि सुपरस्टार क्या बोल रहा है। कुछ लोगों ने सुपरस्टार को एहसान-फ़रामोश कहा। कुछ लोगों ने के. गोमा की

बुराई की। इसकी वजह भी साफ़ थी कि सुपरस्टार और के. गोमा का फ़ैनडम एकदम अलग था। अपनी नई फ़िल्म की रिलीज़ की तैयारी में लगे के. गोमा को मीडिया ने घेर लिया। सुपरस्टार के बयान पर उसकी टिप्पणी माँगी।

गोमा देर तक मुस्कुराता रहा।

लोगों के बहुत आग्रह के बाद गोमा ने एक छोटी-सी टिप्पणी दी, "मैं शराबी लड़कों की बातों का बुरा नहीं मानता।"

"लेकिन क्या अब भी आप दुबारा कभी सुपरस्टार के साथ काम करना पसंद करेंगे?" अपने दफ़्तर के बाहर कार में बैठते हुए के. गोमा से एक पत्रकार ने पूछ लिया।

"मैंने कभी सुपरस्टार्स के साथ काम नहीं किया। आई कांट हैंडल देयर टेंट्रम्सस। जब मुझे ज़रूरत होगी, मैं फिर ट्रैफ़िक सिगनल पर रुकूँगा, एक लड़के को दफ़्तर बुलाऊँगा और उसके साथ काम करूँगा। दिस इज़ माय वे टु वर्क हियर?" कहते हुए वह कार में बैठा, दरवाज़ा बंद किया और अपने ड्राइवर बंटी से कहा- "चलो।"

के. गोमा का यह दंभ जायज़ था। उसने कभी स्टार के साथ काम नहीं किया। वह हमेशा नए लड़कों के साथ काम करता था। एक वक़्त ऐसा था जब उसके दफ़्तर के बाहर नए एक्टर्स क़तार लगाकर खड़े रहते थे। इंतज़ार करते थे कि कब गोमा बाहर निकले और उनकी तरफ़ देखे। ऐसा बहुत बार होता था। गोमा ऐसे ही दफ़्तर से निकलते वक़्त एक्टर्स की क़तार की तरफ़ नज़र मारता था और अचानक से किसी एक की तरफ़ उँगली उठाता था। बस उस एक्टर का करियर बन जाता था।

के. गोमा कहाँ से आया था और कहाँ जाएगा, कोई नहीं जानता था। लेकिन उसने इस इंडस्ट्री में क़िस्मत वाले सिद्धांत को पुष्ट कर दिया था।

के. गोमा जब जिन अभिनेत्रियों के साथ काम करता था, उनके साथ उसके अफ़ेयर की कहानी आम थी। लेकिन सच यह भी था कि उसने जिस अभिनेत्री के साथ काम किया, वह बाद में इंडस्ट्री की बड़ी अभिनेत्री बनी। उसने अब तक केवल तीन अभिनेत्रियों के साथ काम किया है ओर वे तीनों ही आज बॉलीवुड का स्थापित नाम हैं।

यह पहला मौक़ा था जब सुपरस्टार और के. गोमा आमने-सामने थे।

जब तक सुपरस्टार ने डिस्ट्रीब्यूटर्स से अपना झगड़ा सुलझाया और अपनी नई तारीख की घोषणा की, ठीक उसी दिन के. गोमा ने अपनी नई फ़िल्म का ट्रेलर जारी कर दिया। के. गोमा की फ़िल्म की रिलीज़ डेट भी वही थी, जो सुपरस्टार की फ़िल्म की थी।

इस ख़बर को मीडिया ने मज़े लेकर बनाया कि गुरु और चेला अब आमने-सामने आ गए हैं। गोमा ने इसे महज़ संयोग बताया। गोमा पर सुपरस्टार के क़रीबी लोगों का दबाव आया कि उसे इस तरह नहीं करना चाहिए। गोमा पैदाइशी ज़िद्दी था। उसने कहा, मेरी फ़िल्म तो बहुत छोटी-सी फ़िल्म है। नेशनल स्कूल ऑफ़ ड्रामा से पासआउट एक नए लड़के के साथ मैं यह फ़िल्म कर रहा हूँ। बजट छोटा है, स्क्रीन सुपरस्टार की फ़िल्म से आधे हैं। मुझसे सुपरस्टार का क्या मुक़ाबला?

सुपरस्टार का पार्टनर के. गोमा के सामने बैठा था। उसने कहा, "यही तो डर है सर। हम इमेज पर खेल रहे हैं और आप कहानी पर।"

सुपरस्टार का पार्टनर आसन्न ख़तरे को समझ रहा था लेकिन दोनों लोगों की ज़िद में वह असहाय था।

कोई पीछे हटने को तैयार नहीं था। सारी मीटिंग्स का कोई अर्थ नहीं निकला। कोई एक भी पीछे हटने को तैयार नहीं था। तय हो गया कि अब दोनों फ़िल्में एक ही दिन रिलीज़ होंगी।

मिस मेलिना इस पूरे तमाशे को चुपचाप देख रही थी। उसे इंतज़ार था कि दो बिल्लियाँ लड़ें और बंदर अपना काम निकाल ले। वह दोनों फ़िल्मों की रिलीज़ का इंतज़ार कर रही थी।

वह दिन जब आया तो सुपरस्टार की फ़िल्म बॉक्स ऑफ़िस पर गिर गई थी।

आमतौर पर यह होता था कि अपनी इमेज और बेशुमार पैसे के प्रचार के दम पर सुपरस्टार की फ़िल्म पहले तीन दिन यानी शुक्रवार, शनिवार और रविवार को इतना पैसा कमा लेती थी कि जब तक शुरुआती दर्शक कहानी के नक़ली होने और फ़िल्म के ख़राब होने की बात जनता तक पहुँचाते, वे अपना बिज़नेस कर चुके होते थे। पोटली समेटकर निकल चुके होते थे। लेकिन अब सोशल मीडिया और ताक़तवर हो गया।

पहली बुरी ख़बर प्रेस शो से ही आ गई थी। अगली बुरी ख़बर अगले दिन सुबह पहले शो से ही आनी शुरू हो गई। सुपरस्टार की आधी फ़िल्म देखकर ही लोग सिनेमाघर से ट्वीट करने लगे कि यह फ़िल्म एक धोखा है। अब ट्विटर पर सुपरस्टार के ख़िलाफ़ एक माहौल बन गया। उसकी फ़िल्म को लेकर मीम और चुटकुले बनने लगे। शुक्रवार शाम के शोज़ में दर्शकों की संख्या नीचे चली गई। सोशल मीडिया पर मुखर होकर लोग फ़िल्म के बारे में लिख रहे थे। सबका मतलब एक ही निकल रहा था कि सुपरस्टार के दिन अब लद गए हैं। वह अच्छी कहानियाँ चुनने की समझ खो चुका है।

सुपरस्टार को कुछ भी समझ में नहीं आ रहा था कि ऐसा क्यों हो रहा है। जिसके नाम के पत्थर पानी में तैरते थे, उसके पत्ते भी अब डूबते जा रहे हैं। उसका पागलपन और बढ़ रहा था। वह यह क़बूल करने को तैयार नहीं था कि उसके साथ कुछ ठीक नहीं हो रहा है।

इस बार तो लोगों ने उसको सहानुभूति जताने के लिए भी फ़ोन नहीं किया। इंडस्ट्री भी अब जानने लगी थी कि सुपरस्टार के दिन लद रहे हैं। डूबते सूरज को नमस्कार करने का रिवाज यहाँ नहीं था।

के. गोमा की फ़िल्म छोटा पैकेट बड़ा धमाका थी। यह एक लव स्टोरी थी। यह पूरी फ़िल्म के. गोमा ने मोबाइल फ़ोन पर शूट की थी। इस फ़िल्म को बनाने का बड़ा पैसा मोबाइल कंपनी ने ही वहन किया था। फ़िल्म के बाहर आने से पहले बहुत लोग इस बात के लिए के. गोमा के बारे में कहते थे कि वह पागल हो गया है। क्या मोबाइल फ़ोन पर भी कभी फ़ीचर फ़िल्म शूट की जा सकती है? के. गोमा ने कहा कि अगर कहानी जादुई हो तो आदमी सड़क पर चलते हुए लोगों को रोक सकता है।

गोमा इस तरह के प्रयोग करने का उस्ताद था। यह फ़िल्म युवाओं में इतनी लोकप्रिय हुई कि के. गोमा के बारे में लोग कहने लगे कि वह किसी भी टेक्नोलॉजी पर काम करे, उसे अपनी कहानी कहनी आती है। रविवार आते-आते सुपरस्टार की फ़िल्म को थिएटर के मालिकों ने उतार दिया। वहीं गोमा के इस नए साधारण चेहरे वाले छोटे क़द के सितारे को पसंद कर लिया। सुपरस्टार की फ़िल्म उतारकर थिएटर वालों ने यह फ़िल्म लगा दी।

अखबारों में के. गोमा के इंटरव्यू भरे पड़े थे। लोगों ने उसे सुपरस्टार

की याद दिलाई। उसने कहा, वह किसी सुपरस्टार को जानता तक नहीं। वह केवल उस लड़के को जानता है जो ट्रैफ़िक की लाल बत्ती पर हैलमेट लगाए मोटरसाइकिल पर बैठा था। के. गोमा का दंभ चरम पर था और सुपरस्टार का अवसाद भी।

17

मिस मेलिना लड़के से प्रभावित थी। उसकी कहानी उसके दिमाग़ में घुस चुकी थी। वह अब सिर्फ़ सेट-अप खड़ा करने के प्रयास में थी कि फ़िल्म की घोषणा से पहले वह काग़ज़ पर मुनाफ़ा कमाने की हालत में आ जाए।

मिस मेलिना के मैनेजमेंट का आदमी उससे भी आगे चल रहा था। उसने राइटर से डील करने की प्रक्रिया में ही फ़िल्म को मुनाफ़े में लाने के बारे में सोच लिया था। उसे लगता था कि फ़िल्म का पहला मुनाफ़ा राइटर की फ़ीस काटकर ही कमाया जा सकता है। लिहाज़ा, उसने लड़के को इतना ही पैसा ऑफ़र किया ताकि वह इस शहर में वड़ा पाव खाते हुए ज़िंदा रह सके। उसको सुपरमैन बताकर इतनी हवा भर दी जाए कि वह ज़मीन से तीन इंच ऊपर चले और वह अपने पैरों के छालों का दर्द वह महसूस न कर सके।

राइटर नए ज़माने का था। उसका आदर्श तो वह बूढ़ा ज़िद्दी लेखक था। एक तरह से वह उसका पुरखा था जिसने उसे चेतावनी दी थी कि अगर उसे अपने आप को बचाए रखना है तो कुछ नियम बनाने होंगे। उसने तो एक ज़िद पकड़ ली थी कि ऐसा नहीं होगा। वह डील बीच में रह गई। मिस मेलिना को जब यह पता चला कि राइटर के साथ डील हो नहीं पाई है तो उसने क्रिएटिव को नौकरी से निकालने का नोटिस दे दिया। आप यह सोच रहे हैं कि उसने क्रिएटिव को इसलिए नौकरी से निकाल दिया कि उसने कहानी के बदले राइटर को पैसे क्यों नहीं दिए तो आप ग़लत हैं। क्रिएटिव की ग़लती यह थी कि वह बिना पैसे दिए राइटर से डील नहीं कर पाया। यह उनकी कंपनी के

लिए ख़तरनाक था। यह बात कल को अगर बाज़ार में गई कि एक साधारण झोला लटकाए आदमी ने मिस मेलिना की कंपनी के साथ डील ठुकरा दी है तो कल को दूसरे लेखक भी ऐसी हरकतें करने लगेंगे। उसने अपनी टीम के दूसरे आदमी को लड़के से बात करने के लिए लगाया लेकिन लड़का आहत था। उसने आहत अवस्था में ही फ़ैसला लिया कि वह मिस मेलिना की कंपनी के लिए कोई काम नहीं करेगा।

अब नए बने समीकरण में सब लोग अपना काम कर रहे थे। सुपरस्टार की फ़िल्म गिर चुकी थी। ऐसा लग रहा था कि सुपरस्टार तो फिसलपट्टी पर बैठा है, मानो ख़राब कहानियों पर बैठकर उसको फिसलते रहने की आदत पड़ गई है।

हर जगह चर्चा थी कि सुपरस्टार का जलवा अब ख़त्म हो गया है। उसके सामने कोई यह नहीं कहता था कि तुमने अपना काम कर दिया। अब तुम्हें आराम की ज़रूरत है। सुपरस्टार कहता था कि वह कितना ही नीचे गिर जाए, फिसल जाए, अब उस ट्रैफ़िक सिग्नल की लाल बत्ती तक तो कम-से-कम नहीं फिसलेगा।

अगर वह समझदार और अच्छा इंसान होता तो नए सितारों को आगे बढ़ते देखकर उसे गर्व होता। उसके अंतर्मन को यह स्वीकार करने में तकलीफ़ नहीं होती कि वह हमेशा बॉक्स-ऑफ़िस पर राज नहीं कर सकता। लगातार कई तरह के नशे ने उसे इस हालत में पहुँचा दिया था कि सही और ग़लत का निर्णय करने का विवेक वह खोता जा रहा था। आसपास 'यसमैन' थे। डर उनमें भी था कि अगर उनका हीरो इसी तरह गिरता रहा तो एक दिन उनके लिए भी उसके साथ काम करना मुश्किल हो जाएगा। लेकिन वे अपने मालिक के किसी फ़ैसले को ग़लत कहने की हिम्मत नहीं रखते थे।

सुपरस्टार को इस वक़्त एक ऐसे आदमी की ज़रूरत थी, जो उसे कहता कि उसे आराम करना चाहिए। जैसे कपिल देव हमेशा नहीं खेल सकता। महेंद्र सिंह धोनी को भी रिटायर होना पड़ता है, उसी तरह उसे अब नए ज़माने के खेल का मज़ा लेना चाहिए। हमेशा सौ करोड़ कमाने के बारे में नहीं सोचना चाहिए।

लेकिन मिस मेलिना बिज़नेस को सुपरस्टार से भी ज़्यादा समझ रही थी। वह जानती थी कि फ़िल्मों का गिरना उसकी ग़लती नहीं है। असल में अच्छी

कहानियाँ चुनने की समझ में वह धोखा खा रहा है। वह लगातार देख रही थी कि बॉलीवुड के बिज़नेस का डायनेमिक्स पिछले दस साल में बदल गया था। सुपरस्टार की एक ग़लती यह भी थी कि हर तरह के बिज़नेस में पैसा इनवेस्ट कर रहा था। वह क्रिकेट में पैसा लगा रहा था। मलेशिया के पास उसने पूरा टापू ख़रीद लिया था। उसका सपना था कि रिटायर होने के बाद वहीं पर वह अपने दोस्तों के साथ रहेगा। वह कबड्डी और फ़ुटबाल की टीमों पर पैसा लगा रहा था। उसने एक एयरलाइन में अपने शेयर ख़रीद लिए थे।

मिस मेलिना यह बात अच्छे से जानती थी कि इन सारे बिज़नेस को हैंडल करने के चक्कर में वह अपनी मूल ताक़त को बहुत गंभीरता से नहीं ले रहा है।

जब पूरे सोशल मीडिया पर यह हंगामा था कि सुपरस्टार गिर रहा है, उसकी फ़िल्म को लेकर हर कोई चुटकुले सुना रहा था, इंडस्ट्री का कुंठित वाला हिस्सा उसके डूबने पर जश्न मना रहा था, ठीक उसी वक़्त मिस मेलिना ने उसको फ़ोन किया, "एक काम साथ करते हैं।"

वह आर्थिक से ज़्यादा मनोवैज्ञानिक सहारे की तलाश में था। इस फ़ोन ने वह काम कर दिया था। यह गिरते हुए नायक के लिए बहुत बड़ी बात थी। फ़िल्म रिलीज़ से ठीक पहले जिस तरह से डिस्ट्रीब्यूटर्स ने उसे ब्लैकमेल किया था, उससे एकदम उलट किया।

उसने तय किया कि इस बार वह कहानी चुनने में ग़लती नहीं करेगा। थिएटर में दिन-ब-दिन उसकी फ़िल्म के दर्शक गिर रहे थे और उसने अगली फ़िल्म की तैयारी शुरू कर दी।

18

लड़की आज दिन में तीन ऑडिशन देकर आई थी और बुरी तरह थकी हुई थी। वह धीरे-धीरे इस बात की अभ्यस्त हो गई थी कि उसको अब इसी जीवन में चलना है। बीच-बीच में उसे काम मिलता था लेकिन वह ऐसा होता था, जैसे भीड़ में पीछे खड़े हों। किसी को बताओ नहीं तो कोई पहचान भी नहीं पाए कि उस सीरियल में वह कहाँ है।

इस पूरे घूमने-फिरने के दौरान उसे अच्छे और ख़राब अनुभव हुए।

पिता से डरती थी लेकिन माँ से उसने कई बार पैसे भी उधार लिए और यह कहा कि एक दिन वह सारा उधार चुकाएगी। लेकिन माँ कहती थी, "यह उसी का पैसा है, वापस चुकाने की ज़रूरत क्या है!"

वह थकी हुई थी। उसने माँ को फ़ोन किया।

"सब ठीक तो है?"

"हाँ मम्मी, बस तुम्हारी याद आ रही थी।"

"कोई नया काम मिला?" माँ ने यही सवाल पहले की बातचीत में हज़ारों बार पूछा था।

"क्यों पूछती हो मम्मी, कुछ भी होगा तो सबसे पहले तुम्हें ही पता चलेगा।"

"तो क्या पूछूँ तुमसे? शादी तुमको करनी नहीं। लौटकर तुमको आना नहीं। तुम्हारे पापा मुझे सुनाते रहते हैं।"

"मुझे थोड़ा-सा समय दो माँ। मैं सबकी आवाज़ बंद कर दूँगी और सच

कहूँ तो अब मुझे इन आवाज़ों से कोई फ़र्क़ नहीं पड़ता। मुझे बस तुम्हारी फ़िक्र होती है।"

"तुम अपनी चिंता करो, मुझे कुछ नहीं होगा। अपना ध्यान रखो तुम बस। खाना खाया?"

"बाहर ही कुछ खा लिया था। मन नहीं है अभी। सोना है।"

दरवाज़े पर दस्तक हुई।

"शायद मीनू आ गई है मम्मी। मैं बाद में बात करती हूँ। बाय!"

लड़की ने फ़ोन रखा। दरवाज़े की तरफ़ बढ़ गई। यह मीनू ही थी। उसके साथ एक लड़का था। उनके हाथ में एक प्लास्टिक बैग था। उसमें बीयर के कैन भरे थे। लड़की समझ रही थी। मीनू धीरे-धीरे बदल रही थी। इन दिनों वह कुछ अलग व्यवहार कर रही थी। वह उसे टोकती भी थी लेकिन मीनू ने उसकी ख़ास परवाह नहीं की।

लड़की ने उसे ज़रूरत से ज़्यादा टोका भी नहीं। लेकिन आज तो अपने साथ इतनी रात गए एक लड़के को लेकर आई थी। वह शराब में धुत थी। ग्रास आजकल उसका नया शगल था। अपने हाथों से वह सिगरेट बनाती थी।

दरवाज़ा खुलते ही दोनों अंदर आ गए। बोली, "आज से यह मेरा ब्वॉयफ्रेंड है। यह हमारे साथ रहेगा।"

लड़की थोड़ी हैरान थी। वर्सोवा का वह कमरा, जो शुरू होते ही ख़त्म भी हो जाता था, उसके एक कोने में किचन बना हुआ था और दूसरे में टॉयलेट। दो लोग बड़ी मुश्किल से अपने लिए कोई जगह ढूँढ़ सकते थे। वहाँ तीसरा कोई कैसे एडजस्ट होगा? लेकिन एग्रीमेंट तो मीनू के नाम था। घर मीनू ने ही लिया था। निर्णय उसी को करना था। लड़की चुप रह गई थी। उसके पास रात को कहीं जाने की जगह नहीं थी।

मीनू उसकी हैरानी को भाँप रही थी। उसने लड़की के गाल पर हाथ रखा और धीरे से सहलाते हुए बोली, "कभी-कभी तू भी यूज़ कर सकती है इसको। आई हैव नो ऑब्जेक्शन।" और वह ज़ोर से हँसने लगी।

लड़की ने मान लिया कि मीनू नशे में है। सुबह तक उसकी राय बदल भी सकती है। रात भर के लिए लड़का वहाँ सो जाए तो कोई बात नहीं।

वह चुप रही। सोने की कोशिश करने लगी। थोड़ी देर बाद उसने देखा कि

वे दोनों लोग सोने के मूड में नहीं थे। वे एक-दूसरे में लिपटने लगे थे। दोनों की साँसें तेज़ थीं और मुँह एक-दूसरे के मुँह पर रखा हुआ था। वे एक-दूसरे में ऐसे लगे हुए थे, जैसे एक-दूसरे के दाँतों में फँसी हुई सौंफ़ को अपनी जीभ से निकाल रहे हों। इस बीच मीनू तेज़ी से लड़के के कपड़े उतार रही थी और लड़का बदले में मीनू के।

लड़की स्तब्ध थी कि ये लोग उसके सामने ऐसा कैसे कर सकते हैं!

उसने मीनू को टोका, "क्या कर रह रहे हो तुम लोग?"

"इंग्लिश में इसे सेक्स कहते हैं, संस्कृत में संभोग। तू कहे तो हिंदी वाला शब्द भी बता दूँ जानम?"

"दिमाग़ ख़राब है तुम्हारा?" लड़की चिल्लाई, "तुम होश में नहीं हो।"

"मैं तो कहती हूँ, तू भी होश खो दे जान। आ जा, आ जा, आज तीनों मिलकर दिल निचोड़ते हैं? थ्रीसम करते हैं यार। करते हैं कुछ एडवेंचर लाइफ़ में। बहुत बोरिंग हो गया है सब कुछ।"

मीनू लगभग नग्न थी। उसने लड़की को अपनी तरफ़ खींच लिया। फिर धीरे से कान में बोली, "यह बहुत अच्छे से चाटता है। साँड़ की तरह खुरदरी जीभ वाला है यह। जनम सफल हो जाएगा तुम्हारा। जा तू भी क्या याद रखेगी, एक दिन इसे तुझे सौंपा। कुछ अच्छा-सा और सिखा दे इसको।" मीनू ने अपने साथ आए लड़के की तरफ़ लड़की को धकेलने की कोशिश की।

लड़का ख़ुद हक्का-बक्का था। उसके लिए यह एकदम अलग अनुभव था। वह डरने लगा।

लड़की का दम घुटने लगा। वह मीनू की पकड़ से ख़ुद को छुड़ाने लगी। लेकिन मीनू में जैसे कोई अतिरिक्त बल काम कर रहा था। लड़की ने ख़ुद को उसकी पकड़ से छुड़ाने के लिए मीनू को धक्का मारा और वह दूसरी तरफ़ रखे रिज़र्व एलपीजी सिलेंडर से टकराई।

मीनू चिल्लाई, "हरामज़ादी, रंडीबाज़ी करती है तो बुरा नहीं लगता तेरे को, सती-सावित्री बन रही है अब?"

"मीनू तू क्या कह रही है, तुझे कुछ पता भी है, कुछ होश भी है तुम्हें?"

"मुझे सब पता है, सुबह से शाम तक साला हम नौकरी में खपते हैं और तू कुछ नहीं करती, फिर भी तेरा सब कुछ ठीक चल रहा है। कहाँ से आता है

पैसा? यह देर रात तक ऑडिशन के नाम पर तू जो धंधा कर रही है, वह सब पता है मेरे को।"

लड़की को जैसे किसी ने आसमान से ज़मीन पर फेंक दिया हो। वह सुन्न हो गई।

मीनू ने कहा, "इस घर में तू अब नहीं रह सकती है। तुझे धंधा करना है तो यह कमरा कल सुबह ख़ाली कर देना।"

लड़की ने कभी सोचा नहीं था कि उसकी सबसे अच्छी दोस्त (कम-से-कम वह तो समझती थी) भी उसके साथ ऐसा कर सकती है। इस अपमान के बाद वह सुबह तक का इंतज़ार नहीं कर सकती थी। उसने फटाफट अपना सामान समेटना शुरू किया। मीनू तब भी चिल्लाती रही। लड़की ने अपना बैग उठाया। घर से बाहर निकल गई।

अब तक तो उसने सोचा भी नहीं था कि वह जाएगी कहाँ। उसका ग़ुस्सा, उसकी खीझ थी। वह ख़ुद से ही नाराज़ थी कि वह मीनू के यहाँ क्यों रह रही थी। अब उसे याद आया कि रात के बारह बजे हैं, वह जाएगी कहाँ? उसने लड़के को फ़ोन लगाया। फ़ोन लड़के के सिरहाने रखा था। बजता रहा। लड़का गहरी नींद में बेफ़िकर सोता रहा।

उसने ऑटो को हाथ दिया और कहा, "अँधेरी स्टेशन।"

चलते हुए ऑटो से उसने एक बार फिर लड़के को फ़ोन मिलाया लेकिन वही हुआ जो पिछले फ़ोन के समय हुआ।

स्टेशन आ गया। वह स्टेशन पर जाकर बैठ गई। उसे पता भी नहीं था कि उसे जाना कहाँ है। रात इतनी हो गई थी और वजह ऐसी थी कि वह सबको नहीं बता सकती थी कि उसे रातभर रुकने के लिए जगह चाहिए। उसे अपनी माँ की याद आई लेकिन वह उनको भी इतनी रात फ़ोन करके परेशान नहीं करना चाहती थी। वह बस सोचती रही और इस सोचने में उसकी आँख लग गई।

उसकी आँख खुली तो स्टेशन पर सुबह की लोकल शुरू हो चुकी थी। उसका फ़ोन बजने लगा। वह हड़बड़ाकर उठी। उसने फ़ोन को देखा। लड़के का फ़ोन था।

लड़के ने कहा, उसे सीधे घर आ जाना चाहिए था। लड़की ने कहा, अगर तुम घर पर नहीं होते तो कहाँ जाती। कम-से-कम स्टेशन पर लोगों के बीच

तो थी।

एक स्ट्रगलर की ज़िंदगी में इस शहर में सबसे कठिन दौर होता है जब वह इस शहर में किराये का घर ढूँढ़ रहा होता है। इस शहर की आधुनिकता की चादर पर एक बदनुमा-सा दाग़ है। यहाँ रहने वालों की ज़िंदगी हाउसिंग सोसायटीज़ तय करती हैं। इनमें मैनेजमेंट के ज़्यादातर लोग उच्च-मध्यवर्गीय कुंठाओं से ग्रस्त होते हैं। यह शर्त है कि अगर आप सिंगल हैं तो आपको घर नहीं मिलेगा। उस पर आप फ़िल्म लाइन में काम कर रहे हैं तो आपकी योग्यता और कम हो जाती है। आप मुसलमान हैं तो आप भले ही अपना परिवार सामने खड़ा कर दें, आपको घर मिलने में दिक़्क़त आएगी। मेहरबानी करके कोई इस्लामी सोसायटी ढूँढ़िए। अगर आप लड़की हैं, फ़िल्म लाइन में हैं तो यह करेला और नीम-चढ़ा हो गया है। अँग्रेज़ी में जिसे 'लीथल कॉम्बिनेशन' कहते हैं। यह वही है।

इन सबके बीच में एक और आदमी है, जिससे हर उस आदमी को मिलना पड़ता है, जिसको इस शहर में घर चाहिए। वह है ब्रोकर। यह शहर ऐसा है, जहाँ दलाली भी आदमी गर्व से खाता है। इस शहर में दलाल स्ट्रीट सम्मानित गलियों में से एक है।

तीन-चार दिन भटकने के बाद ब्रोकर ने उन्हें राय दी कि आप दोनों पति-पत्नी बन जाइए। घर की तलाश शुरू करिए। एक बार औपचारिकता पूरी हो जाए तो बाद में देख लिया जाएगा।

लड़का और लड़की एक-दूसरे की तरफ़ देखने लगे और ब्रोकर उन्हें देखता रहा।

"आप तो जानते हो, लिव-इन वालों को सोसायटी अलाउ नहीं करती।" ब्रोकर ने अपनी ग़लती सुधारने की कोशिश की।

"लेकिन हम लिव-इन में नहीं हैं।" लड़के ने कहा।

"तो घर के लिए कुछ दिन यह झूठा नाटक कर लीजिए। बहुत कम सोसायटी हैं जो अलाउ करेंगी अकेली लड़की को।"

थोड़ी देर के लिए सन्नाटा पसरा रहा।

फिर लड़की ने कहा, "हम झूठ नहीं बोलेंगे।"

ब्रोकर चला गया और तीसरे दिन उसका फ़ोन आया कि उसको एक घर

मिल गया है। लड़की वहाँ गई। लड़की ने नई मकान मालकिन को प्रभावित कर लिया था। मकान मालकिन के ख़ुद के बच्चे बाहर रहते थे। वह सोसायटी से लड़ती थी कि जो बच्चे घर छोड़कर इस शहर में संभावनाएँ तलाशने आए हैं, उन्हें कौन घर देगा। एक दिन हम सबके बच्चे घरों से बाहर जाते हैं, उन सबको नए शहर में घर की ज़रूरत होती है। अगर सब सोसायटी और मकान मालिक ऐसे ही सोचने लगेंगे तो उनके बच्चों को कौन घर देगा।

लड़की को एक छोटी-सी सोसायटी में चौथी मंज़िल पर एक छोटा-सा कमरा, किचन मिल गया था। वह अंदर से हिली हुई थी। मीनू का घर छूटने के बाद और नए घर की तलाश में उसका डर बढ़ गया था। अब अकेले रहने का ख़र्च था। सामने चुनौती भी कि ख़ुद को साबित करना है।

सुबह थी। उसकी खिड़की से समंदर का हल्का-सा हिस्सा दिखता था। उसने उसे ही अपना सी-फ़ेसिंग अपार्टमेंट बना लिया था। ढलता हुआ सूरज उसकी खिड़की से झाँकता था।

स्ट्रगलर एक्टर की ज़िंदगी में सुबह थोड़ी देर से होती है लेकिन सुबह होते ही उसे दिनभर के कार्यक्रम के बारे में सोचना होता है कि आज वह किन लोगों से मिलेगी और किनसे बात करेगी।

लड़की ने अपना फ़ोन उठाया और ऐसे ही फ़ोन बुक को स्क्रॉल करना शुरू किया। उसके सामने के. गोमा का नाम चमका।

उसके दिमाग़ में एक कड़वी याद तैर गई। कास्टिंग डायरेक्टर से मिलने के अनुभव के बाद जो कुछ हुआ, सब याद आया। सब कुछ तो इस शहर में अगड़म-बगड़म चल रहा था।

उसने व्हॉट्सएप की प्रोफ़ाइल पिक्चर को क्लिक किया। वहाँ के. गोमा की बिल्ली का फ़ोटो था। लड़की को अचानक एक ख़याल आया कि उसे चांस लेना चाहिए। उसने व्हॉट्सएप पर संदेश लिखा, "गुड मॉर्निंग सर। मैं एक हीरोइन हूँ और काम तलाश रही हूँ।"

वह इंतज़ार करने लगी कि शायद जवाब आ जाए। वह किचन में अपने लिए चाय बनाने लगी। उसी वक़्त फ़ोन के मैसेंजर की घंटी बजी। वह सातवें आसमान पर थी। उसका दिल धक-धक कर रहा था। के. गोमा ने जवाब दिया था।

के. गोमा ने लिखा था, "तुरंत अपना एक फ़ोटो भेजो। जहाँ हो, जैसी हो, नो फ़िल्टर, नो मेकअप।"

लड़की ने चाय बनाते हुए अपना फ़ोटो खींचा। सेल्फी मोड में पीछे उबलती हुई चाय थी, उससे उठती हुई भाप तक को कैमरे ने पकड़ लिया था। अधखुले से बाल थे। पीछे खिड़की से थोड़ा-सा वर्सोवा का समंदर और उसमें मछुआरों की एक नाव दिख रही थी।

लड़की को एक बार तो लगा कि वह हल्का-सा कलर करेक्शन कर दे तो महज़ संयोग से बन पड़ा यह चित्र अच्छा हो जाए, लेकिन उसे गोमा की सनक के बारे में पता था।

उसने अपने फ़ोन के व्हॉट्सएप मैसेंजर में फ़ोटो अटैच किया और गोमा के नंबर पर भेज दिया।

कलेजे में एक धक-सी थी। वह इंतज़ार कर रही थी। के. गोमा ने उसको जवाब दिया और फ़ोटो माँग ली।

थोड़ी देर बाद लड़की को संदेश मिला, "आज रात आठ बजे दफ़्तर आकर मिलो।"

लड़की सातवें आसमान पर थी। उसे लगा, जैसे उसका मुंबई आना सफल हो गया। पिछले तीन साल के धक्के वह पल भर में भूल गई। उसने ऑडिशन की क़तारों में घंटों बरबाद किए थे। उसने यह देख लिया था कि तमाम अच्छे ऑडिशंस के बावजूद वह हमेशा किसी-न-किसी कारण से पिछड़ जाती थी। ऐसा होता है। संघर्ष करते हुए आपको ऐसे ही कुछ मुलाक़ातें इस शहर में ज़िंदा रखती हैं। हौसला भरती हैं।

"क्या उसे यह बात लड़के को बतानी चाहिए?" लड़की ने सोचा और हज़ार ख़यालों में चली गई। क्यों बताए? अभी तो कुछ हुआ भी नहीं है। एक बार मुलाक़ात हो जाए फिर उसको बताऊँगी कि मैं किससे मिलकर आई हूँ। आज उसे जब इंडस्ट्री के सबसे बड़े निर्देशक ने बुलाया है तो क्या ताज्जुब कि लड़का उसे रोकेगा नहीं? क्या गारंटी है कि वह एकदम से गॉर्जियन की तरह व्यवहार नहीं करने लगेगा? वह तो पहले से ही फ़िल्म लाइन को लेकर दिन-ब-दिन नकारात्मरक होता जा रहा है।"

"सब ठरकी हैं।" उस दिन लड़के ने कहा था, जब वह उसके कंधे पर

सिर रखकर रो रही थी, "एक न एक दिन सब अपनी औक़ात पर आते हैं।"

लड़की ने घड़ी देखी। उसे शाम होने का इंतज़ार लंबा लग रहा था। मेकअप भी करना है। मुमकिन है वह ऑडिशन के लिए कह दें। वह बार-बार आईने के सामने जाने लगी। ख़ुद की शक्ल देखने लगी। उसने हर तरह से ख़ुद को देखा।

लड़की को वह रात याद आई जब उसे एक रात के लिए उसे रहने को घर चाहिए था। यह उसके प्यार का लिटमस टेस्ट था। लड़के का फ़ोन नहीं उठ रहा था। जब उसको ज़रूरत थी, वह उस रात अपने साथ अकेली थी। यही उसकी ताक़त थी। यही उसका सर्वाइवल था। उस रात को याद करते हुए उसे महसूस होता है कि वह ख़ुद अपनी सबसे अच्छी दोस्त है और मददगार भी। ठीक उसी वक़्त उसके फ़ोन की घंटी बजी। वह कुछ और ही ख़यालों में थी। हड़बड़ा गई। फ़ोन लड़के का था।

उसने फ़ोन को इगनोर किया। एक बार उसने चाहा कि फ़ोन उठा ले लेकिन अगर उठा लेती तो शायद उसे बता भी देती कि के. गोमा ने उसे मिलने बुलाया है।

'अभी नहीं बताती हूँ। एक बार कुछ बात बन जाए तो सरप्राइज़ दूँगी।'

उसे हर तरह के ख़याल आ रहे थे। एक बार लगता था कि वह लड़के से प्यार करती है। उससे कुछ भी क्यों छुपाए। दूसरे ही पल उसको लगता था कि नहीं, अभी तो मैं उसे ठीक से जानती भी नहीं हूँ।

उसके दिल ने उसके कान में फुसफुसाते हुए कहा- 'तू इस शहर में हीरोइन बनने आई है जानेमन, पति ढूँढ़ने के लिए नहीं।'

19

सिटी मॉल के सामने वाली गली में आज भीड़ थी। पुलिस की गाड़ियाँ और एंबुलेंस भी। मीडिया का जमावड़ा। शहर के लिए एक सनसनीख़ेज ख़बर थी। एक इमारत के अंदर नर कंकाल मिला था। एकदम सूखा हुआ। सिर्फ़ हड्डयाँ बची थीं। शोरग़ुल से आबाद इस गली में आज एक मनहूस-सा सन्नाटा पसरा था। उस इमारत में उस नरकंकाल के बग़ल में रखी ओल्ड मोंक की आधी बोतल से यह अनुमान लगाना आसान था कि यह वही बूढ़ा लेखक है, जिसके आगे पीछे कोई नहीं। किसी ने महीनों से उसकी ख़बर ही नहीं ली।

बग़ल में एक ऊँचा-सा अपार्टमेंट था। हवाओं में एक अजीब-सी गंध थी लेकिन गंध तो इस शहर में चौबीस घंटे रहती है। सिटी मॉल के बग़ल से एक चौड़ा-सा गंदा नाला भी बहता है, जो सुबह-सुबह पूरे इलाक़े को गंधायमान करने की पूरी क्षमता रखता है। लिहाज़ा इस गंध को भी आस-पास रहने वाले लोगों ने ऐसे ही मान लिया कि यह गंध तो शहर का हिस्सा है। लेकिन उस अपार्टमेंट से सुबह सूर्यदर्शन की कोशिश करने आए एक बुज़ुर्ग ने जब देखा कि उनके बग़ल की इमारत पर चींटियों की एक लंबी क़तार है, जो उसने पहले इतनी मोटी और लंबी क़तार देखी नहीं थी, तो उसने गॉर्ड को बताया। इसके बाद इमारत के सिक्योरिटी गाड्र्स ने जो देखा, वह दिल दहलाने वाला था। जो बूढ़ा लेखक अपने आख़िरी दिनों में खाने-पीने के लिए तरस रहा था, अपने दफ़्तर को बचाने की क़ानूनी लड़ाई लड़ रहा था, उसकी देह से मुंबई की चींटियाँ कई हफ़्तों तक अपना पेट भरती रहीं।

मुंबई रोज़ाना की तरह ही चल रही थी, जैसे कुछ हुआ ही नहीं है। यह शहर ऐसे ही चलता है। बम फटे, बाढ़ आए, लेखक मरे या सुपरस्टार, यह शहर रुक नहीं सकता।

दोपहर के अख़बार 'मुंबई मिड डे' के पहले पेज पर बूढ़े लेखक की कंकाल वाली फ़ोटो थी। उसके बग़ल में रखी हुई आधी से थोड़ी-सी कम ओल्ड मोंक। उस चित्र में स्पाइरल बाइंड में एक अधूरी पटकथा भी दिख रही थी जो उसकी निर्देशित क्लासिक लेकिन बॉक्स-ऑफ़िस पर फ़्लॉप फ़िल्म का सीक्वल थी।

लड़के ने जब अख़बार में यह फ़ोटो देखा तो वह हिल गया। उसे लगा, जैसे उसकी ही आत्मा का एक हिस्सा चला गया। महीने भर पहले ही तो वह उससे मिलकर आया था।

अचानक उसका ध्यान उस चित्र पर गया। वह और डर गया। सोफ़े पर बैठने की जगह देखी। वहाँ रखी हुई आस-पास की चीज़ों को देखा।

उसे सब कुछ याद आ गया कि उस दिन वह ओल्ड मोंक की बोतल वहीं पड़ी थी। मेज़ की पोज़िशन भी वही थी। एक अधूरी पटकथा उनके हाथ में थी। कंकाल की लगभग वही तो मुद्रा है, जब वह आख़िरी बार मिला था तो बूढ़े लेखक ने यह कहा था, "एक कहानी में उलझ गया हूँ। मुझे नहीं लगता था कि यह पूरी होगी। लेकिन अब तुम आ गए हो, मैं आराम से मर सकता हूँ।"

तो क्या उस दिन बूढ़ा लेखक यह जानता था कि वह देह छोड़ देगा? अपनी कहानियों का बोझ उसके कंधों पर लादकर झोला उठाकर दूसरी दुनिया की तरफ़ चला जाएगा? क्या उसने संसार से जाने का निर्णय उस दिन किया, जब वह बूढ़े लेखक से मिलने गया था?

लड़का उदास था और ख़यालों में डूब रहा था। क्या वही उस बूढ़े लेखक की मौत का ज़िम्मेदार है?

इतनी बड़ी इंडस्ट्री, इतने सारे लोग मिलकर क्या उस लेखक के जीवन में इतनी साँसें नहीं भर सकते थे कि वह अपनी कहानी पूरी कर पाता? उसे धीरे-धीरे सब याद आने लगा। बूढ़ा लेखक तो अपने भविष्य के बारे में जानता था।

लड़के ने सोचा, अगर उस दिन वह मिलने नहीं जाता तो शायद बूढ़ा लेखक ज़्यादा दिन तक जीवित रह सकता था। मृत्यु अगर सच भी है तो कम-

से-कम वह एक सम्मानजनक मृत्यु की ओर तो बढ़ सकता था।

उस दिन जब वह मिलने गया था तो बूढ़े लेखक ने कहा था, "मेरी कहानी पूरी हो नहीं सकती।"

"मगर क्यों?" लड़के ने पूछा था।

"क्योंकि मैं अपनी ज़मीन छोड़कर आ गया हूँ। यहाँ सब कुछ हवा में है। सपने, लोग, इमारतें, इरादे और अपने-आप से किए गए सारे वादे। सब कुछ हवा में हैं। किसी के पास अपनी ज़मीन नहीं है। मुझे अपनी ज़मीन छोड़कर आने का शाप लगा है। इसलिए मेरी कहानी कभी पूरी नहीं होगी।"

"आप अकेले तो नहीं हो। हम सब अपनी ज़मीन छोड़कर ही तो आए हैं।"

"तुम लौटकर वापस जा सकते हो। मैं नहीं। तुम्हारी जड़ें आज भी हरी हैं। मेरी जड़ें मुरझा गई हैं।" बूढ़े ने कहा।

लड़का चौंक गया था। वह जानता था कि कितनी ही बार जब वह अपनी दादी से बात करता है तो उसकी कहानियों के पात्र ऐसे दौड़ने लगते हैं जैसे उन्हें इस दुनिया में आने की जल्दी हो। वे उसको मजबूर करते हैं कि उनकी कहानी दुनिया को बताई जानी चाहिए।"

"तुम्हारे पास अपनी ज़मीन है। तुम्हारे पास जड़ें बची हैं। तुम मेरी अधूरी कहानी पूरी करोगे।" बूढ़े लेखक ने नए लेखक को कहा था।

लड़के का मन वितृष्णा से भर गया कि सबने मिलकर लेखक को मारा है। वह बूढ़े लेखक की मौत का बदला लेगा। लेकिन फिर अगले ही क्षण वह सोचने लगा कि बदला लेने का भाव आना ही एक लेखक की मौत है। क्या बदला लेने के बाद वह ख़ुद को आईने में देख पाएगा? क्या यह ख़याल प्रेमचंद के दिमाग़ में भी आया होगा, जब वह मुंबई छोड़कर वापस लौट रहे थे? क्या यह ख़याल सआदत हसन मंटो के दिमाग़ में भी आया होगा, जब उसने यह शहर छोड़कर पाकिस्तान जाने की सोची थी?

क्या सारे लेखक मिलकर लेखक की लगातार हो रही हत्याओं का बदला ले सकते हैं? शायद नहीं! लेखक अभिशप्त हैं कि वे बेमौत मारे जाएँ। लेखकों की क़ब्र पर महल खड़े किए जाएँगे। उन्हें मृत्यु के बाद महान भी बना दिया जाएगा लेकिन जीते जी उनके लिए कोई खड़ा नहीं होगा।

दरवाज़े पर दस्तक थी।

इस वक़्त कौन होगा! उसने दरवाज़ा खोला। लड़की खड़ी थी।

वह डर गया। कभी-कभी ऐसा लगता है कि जो मिल रहा है, वह वापस छूट जाएगा। उसके चेहरे पर एक अनहोनी की आशंका थी। जैसे उसे सब कुछ साफ़-साफ़ दिख रहा हो। वह लड़की के आने पर ख़ुश नहीं हुआ।

"क्या हुआ?" लड़की ने पूछा।

लड़का चुप था। लड़की ज़िद करती रही। लड़के ने अख़बार सामने कर दिया। लड़की ने कवर पेज देखा। उसने देखा।

"कौन है यह?" लड़की ने पूछा।

लड़के की आँखों में पानी था।

"यह मेरा भविष्य है, मैं इसका अतीत हूँ। मैं अपना वर्तमान हूँ।"

लड़की डर गई।

"तुम पागल हो गए हो। मुझे तुम्हारी बातें समझ में नहीं आतीं।"

"इस शहर में किसी को भी मेरी बात समझ में नहीं आती। तुम्हारी क्या ग़लती है!"

"क्या मैं सब में शामिल हूँ?" लड़की ने पूछा।

"मुझे कुछ नहीं पता।" लड़के ने कहा।

लड़की देर तक इस बात का इंतज़ार करती रही कि वह कुछ बोलेगा लेकिन उसे लग रहा था जैसे लड़के को उसमें कोई दिलचस्पी नहीं है। वह बस शून्य में देख रहा था। आधा घंटा बीत गया। सन्नाटा और गहराता गया। लड़का बस अपने बुज़ुर्ग लेखक को याद करता रहा। लड़की इंतज़ार करती रही कि वह उससे कुछ बात करे। जब कुछ नहीं हुआ तो लड़की ने चुप्पी तोड़ी।

"मुझे जाना होगा।"

लड़का देर तक उसको घूरकर देखता रहा। लड़की थोड़ी देर बाद उठकर चली गई।

20

रात ढल रही थी। आठ बजे थे। अँधेरी की सड़कों पर ट्रैफ़िक का शोर चरम पर था। एक ऑटो के. गोमा फ़िल्म्स के बाहर आकर रुका। लड़की ऑटो से उतरी। उसका आत्मविश्वास चरम पर था। वह के. गोमा से मिलने भर आई थी, लेकिन यह मान चुकी थी कि गोमा की अगली फ़िल्म की हीरोइन वही होगी। फ़िल्मी दफ़्तरों और घरों के बाहर के सारे गार्ड किसी भी आगंतुक के चेहरे के भाव से ही यह पकड़ लेते हैं कि उसे अंदर जाने दिया जाए या नहीं।

इस बार गार्ड ने सिर्फ़ लड़की का नाम पूछा। अंदर फ़ोन किया। फ़ोन पर बात करते हुए गर्दन हिलाई। उसकी तरफ़ मुड़कर मुस्कुराते हुए कहा कि आप अंदर जा सकती हैं।

लड़की ने लकड़ी के बड़े से दरवाज़े को अंदर की तरफ़ धकेला। अंदर घुसी तो लगा, किसी गुफ़ा में आ गई है।

यह के. गोमा के दफ़्तर का वेटिंग रूम था। काली दीवारों के बीच से मद्धम रौशनी आ रही थी और वहीं ख़त्म हो रही थी। दफ़्तर में बैठे लोगों में एक-दूसरे का चेहरा भर नज़र आ सकता था। दीवारों पर जहाँ से रौशनी छन रही थी, नग्न लड़कियों के पोस्टर थे। कुछ जगह एकदम ऐसा कि खजुराहो की मूर्तियाँ देह लेकर आई हैं और किसी ने धोखे से उनके फ़ोटो खींच लिए हों। आदमियों से लेकर जानवरों तक के साथ नग्न लड़कियों और पुरुषों के चित्र थे। वह इतना बड़ा वेटिंग रूम था कि एक रहस्यमयी टापू की तरह दिखने लगा था। के. गोमा की सारी दुनिया एक रहस्य की तरह दिखती है। उस दफ़्तर के हर आदमी के चेहरे पर एक मशीनी भाव था। जैसे किसी के आने या जाने

से कोई फ़र्क़ ही नहीं पड़ता हो। एकदम रोबोट के जैसे। कोई कह नहीं सकता कि इतने भावविहीन, मनहूस और डरावने दिखने वाले स्टूडियो ने इस देश की बेहतरीन इमोशन वाली फ़िल्में प्रोड्यूस की हैं।

लड़की एक बार के लिए घबरा गई। उसे लगा, वह किसी दूसरी ही दुनिया में है। शायद यही दुनिया है, जिसकी वजह से मुंबई को लोग मायानगरी कहते हैं।

वेटिंग रूम के दूसरे सिरे पर एक गैलरी-सी दिख रही थी और वहाँ रास्ते दो तरफ़ जा रहे थे। उसी दीवार पर लिखा हुआ था- "I don't need your advice, fuck you."

वह इस रहस्यमयी दफ़्तर को समझने की कोशिश कर ही रही थी कि चौंक गई। उसकी आँखों के सामने एक पानी का गिलास था। उसने घूमकर देखा तो वहाँ उसे एक भूत नज़र आया। उसकी अंतड़ियाँ निकली हुई थीं। चेहरे का माँस निचुड़ चुका था। वह डर गई और उसकी चीख़ निकल गई। उसी वक़्त उस प्रेत ने मास्क हटाया और हँसने लगा। बोला, "अरे मैडम, मैं कोई भूत नहीं हूँ। सर अगली फ़िल्म हॉरर बना रहे हैं और उसकी थीम पर हम सब लोग ड्रेस-अप होकर ऑफ़िस में रहते हैं, तो सर को नए आइडियाज़ आते रहते हैं। आप चाय लेंगी कि कॉफ़ी या कोल्ड ड्रिंक?"

यह गोमा के दफ़्तर में काम करने वाला लड़का था। लड़की की जान में जान आई। बोली, "फ़िलहाल तो मैं सिर्फ़ साँस लूँगी। ऐसे भी कोई डराता है?"

"यह वाली फिलिम तो सर लोगों को डराने के लिए ही बना रहे हैं।"

लड़की ने जैसे-तैसे डर पर क़ाबू पाकर पानी पिया। तभी सामने वाली वह दीवार खिसकी, जिस पर कोटेशन लिखा हुआ था। वह दीवार दरअसल एक दरवाज़ा था। वहाँ से एक लड़का निकला। उसकी पीठ पर एक छोटा-सा कंप्यूटर बैग था, लेकिन उसकी पीठ झुकी हुई थी। उसे देखकर अनुमान लगाना आसान था कि वह कोई राइटर है।

घंटी बजी। प्रेत बने लड़के ने उस दरवाज़े में सिर दिया और पाँच सेकेंड के बाद निर्देश लेकर वापस सिर बाहर निकाला। लड़की की तरफ़ मुड़ा, "आपको अंदर बुला रहे हैं।"

लड़की दिल में धक्क-सी लेकर अंदर घुसी। वह फिर डरी। यह कमरा

क्या था, घना-सा जंगल था। उसे पेड़ से लटकता हुआ एक अजगर दिखाई दिया। वह चिल्ला उठी। अजगर ऊपर चला गया। सियार की रोने की आवाज़ आई। घने से पेड़ थे। यह स्केयरी हाउस जैसा दृश्य था। सब डमी जानवर थे लेकिन हिल ऐसे रहे थे जैसे असली हों। बस एक तरफ़ से आती हुई रौशनी दिखाई दे रही थी। उसने डरते-डरते पूछा, "मे आई कम इन सर?"

"यस कम इन।"

लड़की के. गोमा के सामने थी।

वह जिस कुर्सी पर बैठा था, उसकी डिज़ाइन ही ऐसी थी कि वह किसी शेर के मुँह में बैठा है। उस शेर के माथे पर लिखा था- बॉलीवुड। एक बड़ी-सी मेज़ थी। असल में मेज़ नहीं थी। तीन चार पेड़ के तने जैसे किसी रास्ते में एक साथ गिर गए हों। उसके एक सिरे पर के. गोमा बैठा था और दूसरे सिरे पर आगंतुक के लिए एक ख़रगोश की पीठ पर बैठने की जगह बनाई गई थी। कोई गोमा से हाथ मिलाना भी चाहे तो वह गोमा तक नहीं पहुँचता। गोमा किसी से हाथ नहीं मिलाता था। उसे जब किसी से हाथ मिलाना होता था तो वह उठकर मेज़ के दूसरी तरफ़ आता था। गोमा बातें एकदम संक्षेप में करता था। उसने लड़की को ऊपर से नीचे तक देखा।

वह मिनी स्कर्ट में थी। मेकअप था और ऊपर का टॉपर एकदम टाइट। वह सुंदर दिख रही थी, इसमें कोई संदेह नहीं था।

के. गोमा उसे देखकर वापस अपने आइपैड के स्क्रीन में घुस गया। बस उसने लड़की को बैठने भर का इशारा किया। लड़की बैठ गई और बस आइपैड में डूबे गोमा को देखती रही। बाहर इतना शोर था लेकिन इस कमरे में जंगल की-सी ध्वनियाँ थीं, जैसे आप किसी जंगल के बीचो-बीच एक गुफ़ा में हों। कभी जंगल का सन्नाटा, कभी जंगल का शोर।

उसी वक़्त गोमा के फ़ोन की घंटी बजी। उसके चेहरे पर एक हल्की-सी मुस्कुराहट आई। कोई बीस साल बाद उसके पास सुपरस्टार का फ़ोन आया था। उस सन्नाटे में फ़ोन से बाहर आती आवाज़ को लड़की ने सुन लिया था।

"सर, क्या सब कुछ ठीक नहीं हो सकता?" सुपरस्टार की आवाज़ में एक कामयाब निर्देशक से याचना थी।

"सुबह नाश्ते पर आ जाओ।" गोमा ने बिना प्रभावित हुए कहा।

“आपके लिए एक ख़ास गिफ़्ट है सर। 25 ईयर्स ओल्ड, अपने साथ से भी पुरानी।”

“तो डिनर पे आ जाओ।” के. गोमा ने फ़ोन काट दिया।

लड़की चकित थी कि सुपरस्टार के फ़ोन पर गोमा इतना अप्रभावित है, जैसे वही ख़ुदा है। असल में यही के. गोमा की शैली थी। एकदम कम-से-कम बात करना। वह बस उसे मुग्ध भाव से देखती रही।

“चुड़ैल बनोगी? सेक्स की प्यासी चुड़ैल?” गोमा ने उसे सिर उठाकर देखा और अपनी बात कहकर वापस आइपैड में घुस गया।

लड़की सुन्न थी। वह कोई सवाल या प्रतिप्रश्न करती, इससे पहले ही उसे फिर गोमा की आवाज़ सुनाई दी। गोमा ने कहा, “अपनी देह को भूल जाओ। विदेह हो जाओ।”

यह एक दार्शनिक-सी बात थी। कोई यह नहीं कह सकता था कि के. गोमा कोई अनुचित माँग कर रहा है। गोमा के बारे में मशहूर था कि वह लड़कियों से सीधी तरह से बात ही नहीं करता था। वह अपनी फ़िल्म की कहानी के किरदार के हिसाब से बात करता था और कहता था कि इस किरदार की माँग ऐसी है कि तुम अपनी देह का पोर-पोर कैमरे के सामने खोलकर रख दो। कैमरा ही वह दर्शक है, जिसे किसी अभिनेता को प्रभावित करना होता है। अगर कैमरा आप पर मुग्ध है, इसका मतलब यही है कि दर्शक आपके मायाजाल में फँस चुका है। दर्शक ही तय करता है कि कौन सितारा होगा और कौन धूल। इसलिए दोस्ती अगर कैमरे से है तो आपका अभिनय महान हो जाएगा।

गोमा कला और नग्नता के खेल को बहुत दार्शनिक ढंग से व्याख्यायित करने की क्षमता रखता था। लोग कहते हैं उसकी बातों में लड़कियाँ फँस जाती हैं। कुछ लोग इसे फँसना नहीं कहते थे। वे कहते थे कि गोमा लड़कियों को हिप्टोनाइज़ करता है। लड़कियाँ ख़ुद-ब-ख़ुद उसे सुनते हुए उसकी दीवानी हो जाती हैं।

लड़की समझ ही नहीं पा रही थी कि क्या जवाब दे।

क्या वह अपनी अगली फ़िल्म में मुझे चुड़ैल बनने का मौक़ा देना चाहते हैं, जिसका ज़िक्र ऑफ़िस ब्वॉय ने पानी पिलाते समय किया था? के. गोमा की इमेज एक बहुत शरीफ़ डायरेक्टर वाली तो नहीं ही थी। कहीं ऐसा तो नहीं

कि वह मुझे अपनी रखैल की तरह बनाकर छोड़ दे।

उसके भीतर तेज़ी से सवाल-जवाब उमड़-घुमड़ रहे थे। निर्णय ही नहीं ले पा रही थी। उसने अपना मन बनाया और बोली, "मुझे हीरोइन बनना है सर। चुड़ैल नहीं।"

"हर हीरोइन कभी-न-कभी चुड़ैल ही होती है।" के. गोमा ने कहा, "मुझे चुड़ैलें पसंद हैं। जब वे हीरोइन बन जाती हैं, मेरी कहानियों को उनकी ज़रूरत नहीं रहती।"

लड़की उसकी बातों का अर्थ निकालने में असमर्थ थी। उसकी दोस्त ने कहा था कि के. गोमा बस एक बार मौक़ा देता है। उसके बाद अपना मन नहीं बदलता। उसे वह बात याद आई जब उसकी दोस्त के. गोमा से मिली थी और टॉप की हीरोइन बनने के लिए अँगूठे वाला मंत्र दिया था। वह उस वक़्त घबराकर कुछ तय नहीं कर पाई थी। वह आज तक बैंक की नौकरी में सड़ रही है। कहीं मेरे साथ भी ऐसा ही तो नहीं होने वाला। उसका दिमाग़ अस्थिर हो गया था।

उसे तुरंत निर्णय करना था कि उसे के. गोमा के साथ काम करना है कि नहीं। उसे अपने संघर्ष और सपनों की सारी स्मृतियाँ तैर रही थीं। उसे यह भी याद आ रहा था कि दो साल के संघर्ष के बाद लोग किस तरह से उसको जज करने लगे थे। वह सोच ही रही थी कि उसे के. गोमा की आवाज़ सुनाई दी, "यू मे लीव नाऊ।"

लड़की जड़ हो गई थी। उसकी मीटिंग इतनी जल्दी ख़त्म हो जाएगी। उसने सोचा भी नहीं था। वह कुर्सी पर बैठी रही।

के. गोमा अपने आइपैड के स्क्रीन पर उलझा हुआ था। दस सेकेंड के ठहराव के बाद उसने एक बार फिर आँखें उठाकर देखा। उनमें लड़की की तरफ़ इशारा साफ़ था कि उसे अब चले जाना चाहिए।

लड़की घबराते हुए उठी। उसकी आँखों में जैसे सातों समंदरों का पानी उतर आया हो। उसे सब कुछ धुँधला नज़र आने लगा। अपना भविष्य। अपना जीवन। आने वाले दिन। पानी डबडबाकर आँखों से बाहर उफन आया।

उसने भीतर और बाहर से सारी ताक़त जुटाई और बोली, "मुझे चुड़ैल बनना है सर। आपकी सबसे ख़ास वाली चुड़ैल।"

21

'डेली टाइम्स' की लीड ख़बर थी कि सुदामा की विदाई पर कृष्णा रोया।

नीचे एक चित्र छपा था, जिसमें सुपरस्टार बूढ़े लेखक के पार्थिव देह के सामने हाथ जोड़े खड़ा है।

यह अंतिम संस्कार बॉलीवुड की सबसे सूनी घटनाओं में एक था। कोई उस बूढ़े लेखक को आख़िरी श्रद्धांजली देने नहीं पहुँचा। बड़े नामों में केवल वही था। सिर्फ़ इसलिए वह ख़बर बड़े अख़बार और चैनलों की सुर्ख़ियाँ बनी कि अपने समय के इंडस्ट्री में सबसे कामयाब राइटर के अंतिम संस्कार में सिर्फ़ सुपरस्टार पहुँचा। जब वह बूढ़े लेखक की अंतिम यात्रा से पहले उसकी आँखों में नमी थी, एक चादर में लिपटी हुई हड्डियों पर जब वह फूल चढ़ा रहा था, तब सामने फ़्लैश मारते कैमरों के सामने उसके गालों पर आँसुओं की बूँदें चमक आई थीं।

अगले दिन वही फ़ोटो 'डेली टाइम्स' के लीड पर था। अख़बारों ने लिखा कि इतनी बड़ी इंडस्ट्री में सिर्फ़ सुपरस्टार ही उस लेखक के अंतिम संस्कार में पहुँचा। यह ख़बर पढ़ते हुए उसके चेहरे पर एक अद्‌भुत-सा सुकून था कि मीडियावाले उसे हमेशा विलेन की तरह नहीं देखते।

सामने फैला विशाल समंदर और उसमें से छनकर आती मुछआरों की नावों की रौशनी। एक तरफ़ शहर की जगमग रौशनी थी और दूसरी तरफ़ अथाह पानी। उसके चेहरे पर मुस्कुराहट थी और एक ज्वॉइंट का कश लगाते हुए उसने ख़ुद से ही पूछा- 'इस समंदर में घड़ियाल ज़्यादा हैं कि शहर में?'

"मैं बताता हूँ।" एक आवाज़-सी गूँजी।

उसको लगा, कोई उसे आवाज़ दे रहा है लेकिन उसने तो कुछ पूछा भी नहीं था। वह तो बस मन में सोच रहा था। उसने मुड़कर देखा तो कुछ नहीं दिखाई दिया।

वह जानता था कि ज्वॉइंट पीने से उसे कई बार हैलुसिनेशन जैसा लगता है। मुमकिन है, उसे ऐसे ही कोई आवाज़ सुनाई दी हो। ऐसा इन दिनों उसके साथ अक्सर हो रहा था कि एक ज्वॉइंट के बाद वह हमेशा बचपन में चला जाता था। उसकी स्मृतियों में वे सब लोग आने लगते थे जिनकी वजह से उसके जीवन में कुछ अच्छा या बुरा हुआ था। जैसे के. गोमा से उसकी नफ़रत की वजह साफ़ थी। गोमा में उसे कभी अच्छा आदमी नहीं दिखा। हम जहाँ से खड़े होकर देखते हैं, चीज़ें उसी अनुपात में दिखती हैं।

उसने एक बार अपनी सिगरेट को देखा। मोबाइल का स्क्रीन देखा। उसकी पेशानी पर थोड़ी-सी परेशानी वाला भाव आया। उसने अपना ध्यान दूसरी बातों की तरफ़ लगाने की कोशिश की।

"तुम इस शहर के सबसे बड़े घड़ियाल हो सुपरस्टार!" इस बार उसे लगा कि जैसे कोई सचमुच उससे बात कर रहा है। उसके साथ मज़ाक़ कर रहा है। तभी उसने देखा कि टैरेस के दूसरे सिरे पर एक लोहे की कुर्सी पर पैर समेटे बूढ़ा लेखक बैठा हुआ है। एकदम जर्जर, सिकुड़ा-हुआ-सा, दाढ़ी बढ़ी हुई। उसके जूतों से अँगूठे बाहर आ रहे थे। चेहरे की खाल लटकी हुई थी, जैसे बूढ़े लोगों की अक्सर लटक जाती है। सुपरस्टार ने ख़ुद को सँभालने की कोशिश की। ऐसे कैसे हो सकता है? वह डरा नहीं। बस थोड़ा-सा घबराया। बूढ़ा हँस रहा था।

इस बार वह डर गया। यह कैसे हो सकता है। लेखक तो मर चुका है। वह ख़ुद उसको जलते हुए देखकर आया है।

वह ख़ुद को सँभालने की कोशिश कर रहा था। वह जानता था कि इस वक़्त उसकी आँखें और दिमाग़ धोखा नहीं खा सकते। वह सब कुछ देख सकता है।

"तुम पूरी दुनिया को बेवक़ूफ़ बना सकते हो, मुझे नहीं। यह फ़ोटो सबसे बड़ा धोखा है।" बूढ़े ने एक मुस्कान के साथ कहा। जैसे उसने सुपरस्टार की

बड़ी चोरी पकड़ ली हो।

"मतलब?"

"मेरी मौत पर तुम रो नहीं रहे थे। सिर्फ़ रोने का अभिनय कर रहे थे।" बूढ़े लेखक ने कहा।

सुपरस्टार एकदम से चौंक गया कि बूढ़ा एकदम ठीक कह रहा है। वह तो उसके अंतिम संस्कार में भी नहीं जाना चाहता था। उसने साफ़ मना कर दिया था कि उसे रात को लंदन के लिए उड़ना है। वह अपना क्रम बदल नहीं सकता। उसके दोस्त और सेक्रेटरी ने उसे कहा था कि एक दिन में लंदन अपनी जगह से नहीं हिलेगा। लंदन का विमान कल भी उड़ेगा लेकिन यह जो पीआर का अवसर आया है, इसका लाभ उठाया जाना चाहिए। उसे आज उस बूढ़े लेखक की अंतिम विदाई में शामिल होना चाहिए। उसकी ज़िंदगी की बड़ी फ़िल्मों में उस लेखक का बड़ा योगदान था। सुपरस्टार की पब्लिक इमेज इतनी ख़राब थी कि मरे हुए बूढ़े लेखक ने उसको एक मौक़ा दिया था कि वह अंतिम संस्कार में शामिल होकर वापस लोगों की सहानुभूति हासिल कर सके।

बूढ़े लेखक की अंतिम विदाई के समय उसकी आँखों में छलके आँसू उस स्क्रिप्ट का हिस्सा थे, जो उसके स्टाफ़ ने दी थी। मीडिया के कैमरे सामने आते ही उसे अभिनय करना था। वे जानते थे कि हर क्षण मीडिया की निगाहें उस पर रहेंगी। सुपरस्टार की कैमरे के साथ दोस्ती थी। वह कैमरे की तरफ़ देखते ही अंदाज़ा लगा लेता था कि उसे कब और कैसे अभिनय करना है।

"असल में तुम अब जीवित नहीं हो सुपरस्टार। बस जीवित होने का अभिनय कर रहे हो।" बूढ़े लेखक ने कहा।

वह सोचने लगा कि असली अभिनय तो यह बूढ़ा कर रहा है। जिसे मैं अपनी आँखों के सामने आग में अंतिम बार जलते हुए देखकर आया हूँ, वह मेरे सामने बैठा मुझसे बात कर रहा है।

"मैं जानता हूँ कि तुम क्या सोच रहे हो।" बूढ़े लेखक ने कहा, "मैं मरना चाहता हूँ। मैं मुक्ति चाहता हूँ, लेकिन मुझे मौत नहीं आती।"

अब उसको और अधिक डर लगने लगा। उसे भूत-प्रेत की झूठी कहानियाँ सच लगने लगीं। वह जैसे जड़ हो गया हो। उसे कुछ भी समझ में नहीं आ रहा था। उसे यह भी समझ में नहीं आ रहा था कि वह बोले क्या?

अब उसके पास इस पल को नियंत्रित करने की क्षमता नहीं थी। उसे तो बस दी गई स्क्रिप्ट को पढ़ना आता था। अचानक से सुपरस्टार को लगा जैसे उसकी कोई आवाज़ ही नहीं है। ऐसा तो नहीं है कि बूढ़े लेखक के भूत ने उसका गला दबा दिया है, इसलिए वह बोल नहीं पा रहा है!

वह कुछ भी नहीं बोल पा रहा है। उसके अंदर से कोई आवाज़ आना चाहती है लेकिन वह सिर्फ़ एक ही बात सोच रहा है कि मेरी स्क्रिप्ट कहाँ है?

"तुम्हारी ग़लती नहीं है सुपरस्टार। एक लेखक को अकेले तुम मार भी नहीं सकते। तुम तो क्या, पूरी दुनिया मिलकर भी नहीं मार सकती। तुम्हारी इंडस्ट्री उसे नहीं मार सकती। भूख-प्यास उसे नहीं मार सकती। वह अभिशप्त है जीवित रहने के लिए। मैं जीवित रहूँगा क्योंकि मेरी एक अधूरी कहानी, आत्मा की तरह इस शहर में भटक रही है।"

सुपरस्टार सन्न था।

"याद है तुमको वह लड़का, जिसने तुम्हारी फ़िल्म के पतन की भविष्यवाणी की थी। तुमने उसे अपने ही लोगों से पिटवाया था।"

उसको सब याद था। उस रात लड़के ने जिस तरह उसकी आँखों में आँखें डालकर उसकी फ़िल्म के गिरने की भविष्यवाणी की थी, उससे तो वह एकदम से डर गया था।

"लेकिन तुमको यह सब कैसे पता है?" सुपरस्टार ने पूछा। उसको लगा जैसे उसकी आवाज़ वापस लौट रही है।

"तुम्हें असल में ग़लतफ़हमी हो गई कि तुम ख़ुदा हो गए हो। तुम जो सोचते हो, वही सही है। तुम जानते थे कि वह लड़का सच कह रहा है लेकिन तुम ख़ुद से ऊपर किसी और को मानने का एहसास भर नहीं कर पाते हो। यही तुम्हें डुबोएगा। यह तुम्हारे अंतिम रूप से डूबने की शुरुआत है।"

उसको लगने लगा था कि बूढ़ा बात तो सही कह रहा है लेकिन वह ख़ुद उसे स्वीकार करना नहीं चाह रहा था। वह बूढ़े लेखक की तरफ़ एकटक देखता रहा। बूढ़े लेखक ने उस पर कोई रहम नहीं दिखाया।

उसने कहा, "तुम मरोगे सुपरस्टार! मैं तुम्हें शाप देता हूँ। तुम मरोगे। तुम्हारा दंभ ही तुम्हें मारेगा।"

अब उसको बूढ़े पर ग़ुस्सा आने लगा था।

"सिर्फ़ कहानी ही तुम्हें बचा सकती है।" बूढ़े लेखक ने पहली बार सुपरस्टार के लिए कोई उम्मीद की बात की थी।

सुपरस्टार को वह दिन याद आए जब एक शूटिंग के दौरान बूढ़े लेखक ने उसको सबके सामने डाँट दिया था। उसके बाद दोनों हमेशा के लिए अलग हो गए थे। सुपरस्टार ने क़सम खाई थी कि वह इस बूढ़े को शहर से बाहर धकेलकर दम लेगा लेकिन लड़ते-लड़ते थक गया था। बूढ़े लेखक ने भी क़सम खाई थी कि वह सुपरस्टार के साथ कभी काम नहीं करेगा।

"आपने तो क़सम खाई थी कि आप कभी मुझे कहानी देंगे ही नहीं।" सुपरस्टार ने कहा। मगर बूढ़ा लेखक शांत था।

"मेरी कहानी तो अधूरी है।" बूढ़े ने कहा।

"तो पूरी कहानी किसके पास है?" सुपरस्टार उतावला था।

"उसी लड़के के पास, जिसका सच तुमसे बर्दाश्त नहीं हुआ।"

सुपरस्टार बूढ़े की तरफ़ ग़ौर से देखने लगा।

"प्रकृति तुम्हें वक़्त-बेवक़्त बचाने के संकेत देती है लेकिन अपने घमंड में तुम कभी प्रकृति के संकेतों को पकड़ ही नहीं पाते हो। वह लड़का तुम्हें बचाने आया था और तुमने उसी को मार दिया।"

"मैंने नहीं मारा उसको। आप झूठ बोल रहे हैं।"

"उसमें बचा भी क्या है! वह टूटा हुआ है। वह एक अभिशप्त आत्मा की तरह इस शहर में भटकता रहेगा। तुम उसे कभी पकड़ नहीं पाओगे।"

"मैं पकड़ लूँगा उसको। मैं बहुत सक्षम हूँ। मैं किसी को भी पकड़ सकता हूँ। यह मेरा भरोसा है।"

उसी वक़्त सुपरस्टार का नौकर छत पर आया। सूचना दी कि सब लोग नीचे खाने पर उसका इंतज़ार कर रहे हैं।

यह सुपरस्टार के घर का नियम था। जब वह शहर में होता था, तो एक दिन का कोई भी एक भोजन परिवार के सब लोग साथ करते थे। सुपरस्टार ने नौकर की तरफ़ देखकर 'हाँ' कहा और वापस मुड़कर देखा तो लोहे की कुर्सी ख़ाली थी। बूढ़ा लेखक ग़ायब था। उसकी बेचैनी और बढ़ गई।

22

लड़के ने लड़की को फ़ोन किया। एक बार घंटी गई। उसने काट दिया। दूसरी बार किया तो लगा नहीं। लड़के ने फिर कोशिश की, तो उसका फ़ोन बंद मिला।

लड़का परेशान हो गया था। वह हर आधे घंटे बाद कोशिश करता रहा लेकिन लड़की का फ़ोन बंद आता रहा। वह थक गया। ऊब गया। ग़ुस्सा हुआ लेकिन इसका किसी पर कोई असर नहीं था।

वह कुछ पढ़ना चाहता था लेकिन अब मूड उखड़ गया था। आमतौर पर दिन में शराब नहीं पीता था लेकिन उसने उस दिन ओल्ड मोंक की बोतल ख़रीदी। लड़का अजीब-सी आंशका में था। उसे पूर्वाभास हो जाता था। लड़की अगर उसका दिल तोड़ेगी तो वह क्या करेगा?

उसे डर लगा। उसने एक वड़ा पाव लिया, जेपी रोड के गुरुद्वारे से पानी की बोतल भर ली और समंदर की तरफ़ चला गया। उसने वर्सोवा रॉक बीच पर एक ऊँची-सी चट्टान देखी। बचते-बचाते चट्टानों को पकड़ते हुए वहाँ पहुँच गया। नज़र घुमाई तो देखा सामने हिलोरें लेते समंदर के किनारे दूर तक अलग ही दृश्य था। कहीं समूह में बैठे लोग, कहीं मासूम से दिख रहे प्रेमी युगल। यह जगह उसे बेहद प्रिय थी। यहाँ आकर उसे लगता था कि इस शहर में सचमुच मनुष्य रहते हैं। वे प्रेम भी करते हैं। वे आम लोगों की तरह चना-चबैना लेकर अपनी हैसियत के हिसाब से शराब भी पीते हैं। उन्होंने अभी तक जीवन को एक सौदे में तब्दील नहीं कर दिया है। वे आज भी इस शहर में एक उम्मीद की तरह

दिखते हैं। उन सबके अपने संघर्ष हैं। लेकिन उन्हीं संघर्षों से वे अपनी उम्मीद के रास्ते निकालते थे। ऐसी जगह इस शहर में अकेली नहीं है। ऐसी बहुत-सी जगहें हैं, जहाँ जाकर लगता है कि लोग आज भी जीने का कोई-न-कोई बहाना ढूँढ़ते हैं और प्रेम का कोई ठिकाना भी।

लड़के को लड़की बहुत याद आ रही थी। उसने फिर फ़ोन उठाया। लड़की को मिलाया लेकिन उसका फ़ोन अब बंद आ रहा था। वह चाहता था कि उसके घर ही चला जाए। लेकिन यह भी तो गारंटी नहीं कि वह घर पर मिल जाएगी।

उस चट्टान पर बैठे हुए तीन पैग ओल्ड मोंक को गटकने के बाद राइटर को पहली बार अचानक ख़याल आया, इस पृथ्वी पर उपलब्ध सारी प्रजातियों में शायद सबसे चूतिया आदमी वही है। उसकी ज़िंदगी के साथ ऐसा क्यों है कि जब सब कुछ ठीक-ठाक चलने के हालात बनने लगते हैं तो वह सामने दिख रही चीज़ों के भी आर-पार देखने की कोशिश करता है।

उसको वह दिन याद आया जब उसने घर में विद्रोह किया था।

इंजीनियरिंग ग्रेजुएशन के बाद उसके पास बेहतरीन नौकरियों के ऑफ़र थे। उसने एक नौकरी चुन भी ली थी। छह महीने काम करने के बाद जब उसके बॉस ने बुलाकर उसे कहा था कि वह उसका वेतन बढ़ाना चाहता है, बड़ी ज़िम्मेदारी देना चाहता है, तब लड़के ने बॉस को कह दिया कि अब वह नौकरी नहीं करेगा। वह नौकरी करने के लिए नहीं बना है। बॉस ने कितना समझाया था कि उसके लिए कंपनी में बड़ा ऑफ़र है। वे उसे यूएस भेजना चाहते हैं।

लड़के ने बॉस को कहा था, "मुझे रात को सपनों में विचित्र आकृतियाँ दिखती हैं। वे मुझे डराती हैं। वे मुझे कहती हैं कि अगर तुम दुनिया के चूतियापे में घुस जाओगे तो हमारी मुक्ति कैसे होगी?"

"कैसी बातें करते हो? कौन हैं ये आकृतियाँ?"

"किरदार।" लड़के ने कहा था, "मेरी कहानियों के किरदार मुझे रोज़ कहते हैं कि उन्हें मुक्ति चाहिए।"

बॉस डर गया था और उसने चुपके से बिना उसे बताए उसके पिता को फ़ोन किया था कि उसे किसी अच्छे डॉक्टर के पास ले जाया जाना चाहिए। उसकी दिमाग़ी हालत ठीक नहीं है। उसे परामर्श की ज़रूरत है। फिर वह घर

से भाग आया था। उसने कहा कि उसे राइटर ही बनना है।

क्या उसने उस दिन ग़लती की थी? क्या उसे यूएस चले जाना चाहिए था?

उसे अपने एक प्रोड्यूसर के साथ मीटिंग याद आई थी जिसमें प्रोड्यूसर ने कहा था कि हमारे लिए एक हिट फ़िल्म लिख दीजिए।

उसने कहा था, किसी भी फ़िल्म को गारंटी के साथ नहीं लिखा जा सकता कि वह हिट होगी। वह अच्छी फ़िल्म लिखने की कोशिश कर सकता है। हिट फ़िल्म लिखना उसे शायद नहीं आता। उसका मानना था कि फ़िल्म अच्छी हो तो वह हिट भी हो सकती है।

इसी बात पर उस निर्माता ने उसे काम नहीं दिया।

साल भर बाद उसका मन हुआ कि उस निर्माता से बात की जाए। निर्माता ने कहा, "मैंने फ़िल्म बनाई थी। रिलीज़ भी कर दी है।"

"फ़िल्म ने पैसा कमाया, हिट हुई?" लड़के ने पूछा।

"नहीं, सारा पैसा डूब गया।" निर्माता उदास था।

"मैं आपसे मिलना चाहता हूँ। एक हिट संभावना वाली कहानी है मेरे पास।"

"मैं मुंबई में नहीं हूँ। अपना बिज़नेस समेटकर पुराने शहर में आ गया हूँ।"

"मुंबई कब आएँगे?"

"अब मैं कहानियाँ सुनने मुंबई नहीं आता। अच्छा वाला वड़ा पाव खाने का मन होता है, तभी मैं मुंबई आता हूँ।"

क्या उस दिन उसने ग़लती की थी? एक फ़िल्म के बाद वह निर्माता हमेशा के लिए डूब गया था। उसे निर्माता को यह झूठ बोल देना चाहिए था कि वह एक हिट फ़िल्म लिख सकता है। क्या वह उस निर्माता को बचा सकता था?

ओल्ड मोंक का एक और पैग अब तक अंदर जा चुका था। लड़के को इस वक़्त लगा कि लड़की के मामले में भी उससे ग़लती हुई है। वह उलझन में था और बोतल लगभग आधी हो चुकी थी। लेकिन नशे के साथ उसके भीतर की दुविधा भी बढ़ गई थी।

उसने देखा समंदर की लहरें और उफान मारने लगी हैं। थोड़ी देर पर पहले किनारों पर बैठे लोग अब उसे दिखाई नहीं दिए। 'अचानक से कहाँ चले गए सब?' उसने मन ही मन सोचा।

लेकिन अब उसके डरने की बारी थी। यूँ लग रहा था जैसे बहुत सारी आत्माएँ समंदर की लहरों पर बैठकर उसकी तरफ़ आने की कोशिश कर रही थीं लेकिन किनारे तक आते-आते जैसे लहरें दम तोड़ रही थीं। आत्माएँ भी ग़ायब होती जा रही थीं।

'ये कौन लोग हैं?' उसने फिर सोचा।

"ये सब लोग एक सपना लेकर इस शहर में आए थे।" उसे आवाज़ सुनाई दी।

उसने मुड़कर देखा। उसके बग़ल में बैठा बूढ़ा लेखक मुस्कुरा रहा था। लड़का डर गया।

"यह शहर उतना ही समंदर के भीतर है, जितना समंदर के बाहर है।" बूढ़े लेखक ने कहा, "तुम यह भी कह सकते हो, यह शहर समंदर भी है और समंदर शहर भी है।"

लड़के ने बूढ़े लेखक की तरफ़ देखा। उसके चेहरे पर असीम शांति थी।

"तुम्हें पता होना चाहिए कि इस शहर में जितने लोग सड़क पर घूम रहे हैं, उससे ज़्यादा क़ब्रों में कुलबुला रहे हैं।"

लड़का उसे चुपचाप देख रहा था।

बूढ़े लेखक ने कहा, "तुम्हें हमेशा याद रखना चाहिए कि इस पृथ्वी पर हमेशा मरे हुए लोगों की संख्या ज़िंदा लोगों से कहीं अधिक होती है। इसलिए मृत लोग हमेशा जीवित लोगों पर हावी रहते हैं।" बूढ़ा लेखक कहता जा रहा था, "कभी-कभी हम जीवित लोगों में पहचानने की ग़लती करते हैं। क्योंकि बहुत सारे जीवित लोग असल में मरे हुए होते हैं। सच तो यह है कि उन्हें पता भी नहीं होता है कि वे मर चुके हैं।"

लड़के ओल्ड मोंक की बोतल लेखक की तरफ़ बढ़ाई, "आपकी पसंद की शराब है।"

"अब मैं शराब नहीं पीता।" बूढ़े ने कहा। उसके चेहरे पर एक गहरा आत्मसंतोष था, "एक लेखक जीते जी हमेशा अभिशप्त रहता है। मरने के बाद उसे कुछ नहीं चाहिए।"

"लेकिन मैं थक गया हूँ। मैं घर लौटना चाहता हूँ।" लड़के ने कहा।

"जीवित रहते हुए तुम्हें कहीं भी सुकून नहीं मिलेगा। न घर, न बाहर, न

ज़मीन पर, न हवा में। उनकी हमेशा तुम पर नज़र है। इसलिए बेहतर है, तुम उनसे दोस्ती करो। उनका भरोसा जीतो। तुम्हारे किरदार तुम्हें कहीं भी ढूँढ़ लेंगे। देखो, वे लोग तुम्हें ढूँढ़ते हुए यहाँ आ गए हैं।"

लड़के ने मुड़कर देखा। सफ़ारी सूट पहने पाँच-छह लोग तेज़ी से चट्टानों को लाँघते हुए उसकी तरफ़ बढ़ रहे थे। उसे लगा, यह पुलिस वालों की रेड है, जो बीच पर खुलेआम गाँजा और शराब पीने वालों को कभी-कभी पकड़ती है। उसे लगा, बूढ़ा लेखक उसे बचा लेगा लेकिन जब उसने दूसरी तरफ़ देखा तो बूढ़ा लेखक ग़ायब था।

अब तो उसे यक़ीन हो गया कि आज वह बचेगा नहीं। अब पकड़ा जाए, कोई बात नहीं, लेकिन उसकी शराब पुलिसवालों के हाथ नहीं लगनी चाहिए। उसने बची हुई बोतल उठाई झटके से पूरी ओल्ड मोंक अपने अंदर उतार ली। भागने का सवाल ही नहीं उठता था। वह इतनी चट्टानों के बीच था कि भाग नहीं सकता था। उन लोगों ने उसको घेर लिया। अब उसके पास समर्पण के अलावा कोई रास्ता नहीं था।

ये सुपरस्टार के लोग थे। सुबह से ही ये लोग उसे ढूँढ़ने में लगे थे। उसके मिलने के अड्डे तय थे, लेकिन सुपरस्टार की टीम ने शुरुआत ही ग़लत की। उन्होंने लोखंडवाला बैक रोड पर बने कॉफ़ी शॉप्स में देर तक बैठकर इंतज़ार किया लेकिन वह वहाँ नहीं आया। फिर इनफ़िनिटी मॉल में दो जगह बँट गए। कुछ लोग स्टारबक्स में बैठे और कुछ ऊपर फ़ूड कोर्ट में लेकिन वहाँ भी लड़के के बारे में कोई कुछ नहीं जानता था।

उसी वक़्त उनको किसी ने बताया कि वह एसी की हवा खाने भले ही इनफ़िनिटी मॉल के फ़ूड कोर्ट में चला जाए लेकिन चाय पीने के लिए तो हमेशा चौराहे के पार वाली थड़ी पर ही जाता है, जहाँ वह सिगरेट भी पी सकता है।

टीम से एक आदमी वहाँ गया। पता चला कि वह वहाँ रोज़ाना आता है लेकिन पिछले दो दिन से नहीं आया है। हो सकता है, बीमार हो। शहर में वायरल फैल रहा है। मुमकिन है कि वह अपने गाँव चला गया हो। किसी ने बताया कि जेपी रोड पर वर्सोवा तक के किसी सस्ते शराबघर के हैप्पी ऑवर्स में वह मिल सकता है। किसी ने बताया कि कल शाम तो वह आज़ाद नगर मेट्रो के नीचे बार में बैठा ओल्ड मोंक पी रहा था। सुपरस्टार की टीम वहाँ पहुँची

लेकिन वह नहीं मिला।

और तब किसी ने उन्हें फ़ोन किया कि वर्सोवा बीच की एक चट्टान पर अकेले बैठा एक लड़का ओल्ड मोंक पी रहा है। हो सकता है वह राइटर हो।

टीम के लोगों ने घेरकर राइटर को दबोच लिया। क़साई जिस तरह बकरे को जीप में रखता है उसी तरह राइटर को सुपरस्टार के लोगों ने फ़ॉर्चूनर में डाल लिया था।

लड़का आज ख़ुश था कि उसने गाँजा नहीं पिया। उसे पिछली बार का क़िस्सा याद आया जब छह बजे उसे किसी मीटिंग में पहुँचना था। उसने अपना आत्मविश्वास बढ़ाने के लिए उसी रॉक बीच पर जाकर सुट्टा मारने की सोची। उसी वक़्त पुलिस का छापा पड़ा था। पुलिस ने उसको पकड़ लिया था। तीन दिन तक पुलिस ने उसे लॉक-अप में रखा। डील करने की कोशिश की लेकिन उसने कह दिया था, उनको जो करना है कर लें, उसके पास रिश्वत देने के लिए पैसे नहीं हैं। गाँजा रखने और पीने की सज़ा भुगतने को तैयार है। पुलिस का अफ़सर कुछ दयालु था। उसे जब लगा कि सिनेमा के एक स्ट्रग्लर लेखक से पैसे निकलवा पाने का मतलब है मिट्टी से तेल निकालना, उसने उसको जाने दिया था।

तमाम कमियों और बुराइयों के बावजूद इस शहर की पुलिस कभी-कभी स्ट्रग्लर्स के साथ रहम भी दिखाती है। वह मानकर चल रहा था कि उसे पुलिस ने उठाया है। लेकिन जल्दी ही यह ख़ुलासा हो गया कि बूढ़े लेखक ने उसको सुपरस्टार के साथ फँसा दिया है।

23

'डेली टाइम्स' के पहले, दूसरे और तीसरे पेज पर फ़ुल पेज विज्ञापन था। घोषणा थी कि इंडस्ट्री के इतिहास में तीन दिग्गज एक साथ एक प्रोजेक्ट पर पहली बार आ रहे हैं। बस इतना लिखा था- "द अनटाइटल्ड" और प्रोड्यूस्ड बाय सुपरस्टार, मिस मेलिना और के. गोमा। फ़िल्म इंडस्ट्री के तीन दिग्गजों के मिलने की सूचना सबसे बड़ी ख़बर थी। सुपरस्टार और के. गोमा कोई बीस साल बाद एक बार फिर साथ आने वाले थे।

सेट-अप बन गया था। घोषणा हो गई थी। मीडिया और लोगों में अटकलें लगने लगीं कि फ़िल्म का नाम क्या है? सेट-अप की तरफ़ से जवाब आया, प्रोजेक्ट अभी अनटाइटल्ड है।

पूछा गया, कहानी क्या है?

इस बात पर कोई टिप्पणी नहीं आई। असल में उनके पास अभी कहानी के अलावा सब कुछ था। उनको लगता था कि कहानी तो कभी भी बनाई जा सकती है।

पूछा गया, राइटर कौन है?

इस पर सेट-अप चुप रहा। यह नहीं बताया गया था कि किसी राइटर से उनकी बात भी चल रही है या नहीं।

मिस मेलिना ने सुपरस्टार को चेताया था कि राइटर ज़िद्दी है और थोड़ा खिसका हुआ भी। उसे क्रिएटिविटी के अलावा दूसरी चीज़ों में भी दिलचस्पी है, जो एक राइटर के लिए क़तई अच्छी बात नहीं है। मसलन वह अपने क्रेडिट के लिए, अपने पैसे के लिए भी बात करता है। आमतौर पर लेखक को ऐसा

नहीं करना चाहिए।

दूसरी बात, वह बहकी-बहकी बातें करता है। कई बार उसकी बातों का कोई मतलब नहीं निकलता और जब आप न समझो तो वह आपको मूर्ख भी समझता है।

तीसरी बात, वह फ़िल्म की कास्ट, संगीत, प्रोडक्शन डिज़ाइन, हर चीज़ के बारे में जानना चाहता है। यह उसका काम नहीं है। एक राइटर को किसी भी फ़िल्म में इतनी उँगली करने की इजाज़त नहीं होनी चाहिए।

चौथी बात, उसने मिस मेलिना के प्रोडक्शन हाउस को कहानी देने से मना कर दिया है। यह क़सम भी खाई है कि वह उनके साथ काम नहीं करेगा, जबकि वह एक स्ट्रग्लर है। उसके पास खाने तक को पैसा नहीं है। पता नहीं उसके पास इतना ईगो क्यों है? अगर राइटर भी ईगो रखने लगेंगे तो इंडस्ट्री चलेगी कैसे?

सुपरस्टार ने मिस मेलिना की सारी बातें सुन लीं। फिर पूछा, "क्या आज तक किसी राइटर ने मुझे मना करने की हिम्मत दिखाई?"

मेलिना ने कहा, "यह तो आप बेहतर जानते हैं लेकिन चर्चा यह है कि वह बूढ़ा लेखक क़सम खा चुका था कि तुम्हारे साथ काम नहीं करेगा।"

"और उसका हश्र भी तुमने देख लिया।" उसने कहा।

"हमको बिज़नेस करना है सुपरस्टार, हम बदला थोड़े ही लेने आए हैं। हमें काम निकालना है।" मिस मेलिना एक सुलझी हुई बिज़नेस वुमन थी।

सुपरस्टार ने कहा, "मैं किसी से भी डील कर सकता हूँ। ज़रूरत पड़ी तो मैं ख़ुद कहानी लिख सकता हूँ।"

मिस मेलिना की आँखें खुली की खुली रह गईं।

"आप कहानी भी लिख सकते हैं?" मिस मेलिना ने पूछा।

"मैं कुछ भी कर सकता हूँ, मैं सुपरस्टार हूँ।"

सुपरस्टार जब यह कह रहा था तो उसकी एक वजह थी। लगातार पिट रही फ़िल्मों के बीच उसने मार्केटिंग रिसर्च पर बहुत पैसा ख़र्च किया कि लोग क्या देखना पसंद करते हैं। बड़ी मेहनत के बाद उसकी मार्केट रिसर्च टीम ने कामयाब फ़िल्मों का विश्लेषण और अनुसंधान करते हुए एक नया सिद्धांत विकसित किया जिसे उन्होंने नाम दिया- 'मनीप्लांट थ्योरी'। यह सिद्धांत उन्होंने

मनीप्लांट के बारे में प्रचलित एक किंवदंती से निकाला और उसके नाम में हल्का-सा हेर-फेर करके उसे 'मनीप्लांट थ्योरी' कर दिया। मार्केटिंग की टीम में लगे हुए लोगों को इस तरह की कोई-न-कोई थ्योरी विकसित करने में हमेशा मज़ा आता था। ऐसा करते हुए उनको यह लगता था कि निकोलस तालेब के ख़ानदान से हैं। उनको अपना यह सिद्धांत तालेब के 'ब्लैक स्वान' या 'फ़ूल्ड बाय रैंडमनेस' के बराबर लग रहा था।

इस थ्योरी में उन्होंने पिछले सालों में बनी फ़िल्मों की कामयाबी के ग्राफ़ का विश्लेषण किया। बॉलीवुडोनॉमिक्स नाम की इस रिसर्च में उन्होंने पाया कि ज़्यादातर कामयाब फ़िल्मों के साथ कोई-न-कोई विवाद जुड़ा है। इसमें ज़्यादा विवाद फ़िल्म की कहानी या प्लॉट के साथ जुड़ा रहा। किसी ने कहा, इतिहास से छेड़छाड़ हुई। किसी ने कहा, कहानी कहीं से उठाई गई है। किसी ने कहा, प्लॉट में तथ्यगत ख़ामियाँ हैं।

इस तरह की खोजबीन के बाद टीम के एक आदमी ने तुरंत एक आइडिया सोचा और उस पर अपनी थ्योरी विकसित करने की कोशिश की। यह आइडिया मनीप्लांट वाला था।

उसने बचपन में यह कहानी पढ़ी थी। मनीप्लांट के बारे में प्रचलित विश्वास है कि आपने अगर किसी के घर से चोरी कर मनीप्लांट लगाया है तो ही वह आपके घर में पैसे की बारिश करेगा। पैसा ख़र्च करके, नर्सरी से ख़रीदा मनीप्लांट केवल एक साधारण बेल बनकर रह जाता है। वह आपकी धन-दौलत बढ़ाने के लिए असरदार नहीं रहता। यहीं से 'मनीप्लांट थ्योरी' का जन्म हुआ।

हर फ़िल्म की शुरुआत कहानी से होती है। अगर आप उसे पैसा ख़र्च करके खरीदेंगे तो वह आपकी फ़िल्म के लिए काम नहीं करती। इसके बाद उन्होंने समानांतर सिनेमा के उन सारे दिग्गजों के नाम गिना दिए जो सिनेमा की धारा बदलने के नाम पर ओरिजिनल कहानियों को ख़रीद रहे थे। लेखकों को क्रेडिट और पैसा दे रहे थे लेकिन उनकी फ़िल्में कमर्शियल धरातल पर एकदम फिसड्डी थीं।

"तो हमें क्या करना चाहिए?" सुपरस्टार ने अपने लोगों से पूछा।

"कहानी चुरानी चाहिए। यह कामयाबी की गारंटी है।"

24

नई ब्लॉकबस्टर की तैयारी के बीच एक नई ख़बर थाइलैंड से आ रही थी। यह कोई गॉसिप नहीं थी। एक पुख़्ता ख़बर थी। किसी भारतीय टूरिस्ट ने इंस्टाग्राम हैंडल से एक वीडियो शेयर किया था, जिसमें के. गोमा पटाया में नीले समंदर के किनारे लड़की के साथ दिख रहा है। वीडियो में लड़की उसकी पीठ पर बैठी मुस्कुरा रही है। के. गोमा पुश-अप्स कर रहा है। यह वीडियो वायरल हो गया। एंटरटेनमेंट साइट्स पर ख़बर आई कि गोमा अपने से आधी उम्र की लड़की के साथ डेट कर रहे हैं लेकिन यह सब अनुमान पर आधारित आकलन थे। गोमा को सब जानते थे। लड़की कौन है, पर यह कोई नहीं जानता।

इस वायरल ख़बर से जो अनुमान लगाए गए उसमें पहला यह था कि यह के. गोमा की नई गर्लफ्रेंड है। इसका खंडन यह था कि के. गोमा गर्लफ्रेंड बनाने में भरोसा ही नहीं रखता। आज तक उसके अफ़ेयर्स की सिर्फ़ चर्चा सुनी गई। कोई अधिकृत घोषणा उसकी तरफ़ से नहीं हुई।

लड़की की डिटेल्स कोई नहीं जानता था। बस यह जानते थे कि वह शायद कोई नई एक्टर है, जिसे गोमा अगली फ़िल्म में शायद ब्रेक देंगे। गोमा और उसके ऑफ़िस की तरफ़ से इस वीडियो पर एकदम चुप्पी रही। सब लोग यह छानबीन करने में लगे थे कि यह लड़की कौन है ?

उस वक़्त सुपरस्टार की फ़ॉर्चूनर में क़ैद लड़के के पास वीडियो व्हॉट्सएप पर आया। उस लड़की को वह जानता था। वह कितने दिन से ख़ुद को टूटने

से बचा रहा था लेकिन यहाँ आते-आते वह भीतर से चिथड़े-चिथड़े हो गया।

पूरे शहर में वह एक लड़की को ही जानता था। क्या इसी लड़की को के. गोमा के साथ होना चाहिए था! वह पागल जैसा हो गया, लेकिन किसी को कुछ कहने लायक़ नहीं बचा। उसका मन था कि वह उस गाड़ी से कूदकर भाग जाए। किसी लोकल ट्रेन के सामने जाकर कूद जाए। ज़ाहिर है, वह पहरे में था और ऐसा कर नहीं सकता था। उसे नहीं पता था कि उसे कहाँ ले जाया जा रहा है। वह चाहता था कि उसके हाथ-पैर बाँधकर अब उसे समंदर में फेंक दिया जाना चाहिए।

वह अच्छा-बुरा, जीना-मरना, सब कुछ भूलकर आगे बढ़ना या कुछ और करना जैसे कई तरह के ख़यालों में था कि एक क़िलेनुमा घर के सामने गाड़ी रुक गई। गार्ड ने गाड़ी देखकर दरवाज़ा खोला और ज्यों ही गाड़ी अंदर गई। दरवाज़ा फिर से बंद हो गया। ऐसा लगा जैसे यह कोई अलग दुनिया है, जिसको क़रीने से काटकर बाहर की दुनिया से अलग किया गया है। एक से बढ़कर एक आठ-दस महँगी कारें खड़ी थीं।

इस भव्य से घर में उसे उतारकर अंदर ले जाया गया। एक विशाल से कमरे में वह घुसा। भव्यता ऐसी कि कोई भी साधारण आदमी उस ऐश्वर्य से आतंकित हो जाए।

सुपरस्टार के सामने राइटर था। वह उसे पहचान गया।

अगर आपको यह लग रहा है कि आज सबसे पहले सुपरस्टार लड़के से उस रात की हरकत के लिए माफ़ी माँगेगा तो आप ग़लत सोच रहे हैं। वह तो यह सोचता है कि लड़के को उससे माफ़ी माँगनी चाहिए कि वह उस दिन बिना बुलाए पार्टी में घुस आया था। घुस भी गया तो कोई बात नहीं। उसने तो सीधे उसको चैलेंज किया था।

लेकिन सुपरस्टार जो सोचता है, वह कभी उसके चेहरे पर देखा नहीं जा सकता। उसके चेहरे पर वही दिखता है, जो वह दिखाना चाहता है। वह एक्टर है। इसमें उसको महारत हासिल है।

"बहुत तारीफ़ सुनी है, तुम्हारी कहानियों की।" सुपरस्टार ने सामने बैठे लेखक से कहा।

"मेरी कोई कहानी नहीं है। जो कहानियाँ अधूरी हैं, मैं उन्हीं को पूरा करने

की कोशिश करता हूँ। मेरी अधूरी कहानियों को कोई और पूरा करेगा।" लड़के ने कहा।

"तुम राइटर लोग साले एक जैसी ही बातें क्यों करते हो? कहानी अधूरी रह गई, तो पूरी कहानी किसके पास है?"

"पूरी कहानी किसी के पास नहीं है। पूरी कहानी एक भ्रम है।"

सुपरस्टार चक्कर खा गया। वह यह नहीं कह सकता था कि उसको बूढ़े लेखक ने यह बताया था कि उसकी अधूरी कहानी वह पूरी कर सकता है। अभी सुपरस्टार राइटर को पागल कह रहा था, बाद में लोग उसे पागल कहेंगे कि सुपरस्टार मरे हुए बूढ़े लेखक की बातों को अहमियत देता है।

"कोई एक अधूरी कहानी, जो तुम पूरी कर सकते हो?" सुपरस्टार ने पूछा।

लड़के को याद आया कि वह बूढ़े लेखक की वह कहानी पूरी कर सकता है जो उसके गले में फाँस की तरह अटकी हुई थी। वह कहानी, जिसमें उसकी पीड़ा थी कि वह लौटकर अपनी ज़मीन पर नहीं जा सकता। क्योंकि उस सरहद पार के लोग उसे अब अपना आदमी नहीं मानते। उनकी दुनिया बदल चुकी है। दादी भी तो ठीक उसी की तरह सरहद पार से आई थीं। उसकी दूसरी बहन 1947 में सरहद के पार रह गई थी। उसकी दादी ने उन दंगों में जब अपनी आँखों के सामने लोगों को कटते हुए देखा तो वह अपने धर्म को लेकर और कट्टर हो गईं। ज़िंदगी भर पूजा-पाठ वाली रहीं, एकदम शाकाहारी और नियम-धर्म से चलने वाली। वह मुसलमानों से नफ़रत करने लगीं। वह भारत में एक कट्टर हिंदू संगठन के साथ जुड़ गईं। वह सावर्जनिक जीवन में उन लोगों को इतना बड़ा चेहरा बन गईं कि और कहती रहीं कि अगर उसे अपनी ज़मीन छोड़कर यहाँ आना पड़ा है तो इस देश में भी मुसलमानों के साथ वही सलूक होना चाहिए। उनके लिए अगर अलग मुल्क बना ही दिया गया है तो उन सबको क्यों नहीं वहाँ भेज दिया जाए!

लेकिन कई साल बाद दादी को पता चला कि उनकी दूसरी बहन ज़िंदा है और पाकिस्तान में है। वह अपनी बहन से मिलने के लिए तड़प उठीं। तीस साल बीत गए। उन तीस सालों में एक भी दिन ऐसा नहीं था कि उन्हें वह रात याद न आई हो, जब वह अपनी बहन, अपने परिवार से बिछुड़ गई थीं। वह

किसी को कहती नहीं थीं लेकिन अंदर-अंदर एक दूसरे मुल्क और मज़हब के लिए उसके भीतर नफ़रत भरती गईं।

एक दिन ऐसा आया कि उनकी बहन ने अपनी दूसरी बहन को ढूँढ़ निकाला। तीस साल बाद दादी लौटकर पाकिस्तान गई थीं। उस गाँव में वह उस स्कूल के पास पहुँची जहाँ से वह अपनी बहन से अलग हो गई थीं। उन्होंने देखा तो उसके पाँव तले ज़मीन खिसक गई। उसकी बहन तो मुसलमान हो गई है। उस घर के हर बच्चे ने दादी के स्वागत के लिए पलक-पाँवड़े बिछा दिए। बड़ा ख़ानदान था। तय हो गया था कि जब तक भारत वाली दादी वहाँ रहेगी, सब कुछ उनके हिसाब से होगा। न घर में गोश्त आएगा। न ही उनकी इच्छा के ख़िलाफ़ कोई काम होगा।

उस घर में जाकर उसकी दादी का अपराधबोध एकदम चरम पर था। दादी के लिए पंद्रह दिन उस घर में रहना ऐसे ही था जैसे बोधिवृक्ष के नीचे बुद्ध का बैठना। जब वह लौटकर आईं, उन्हें अपने-आप पर इतना अफ़सोस हुआ कि एक समय के पागलपन को उसने आदमी की आदत समझ लिया। उसके बाद दादी ज़िंदगी भर यह कहती रहीं कि उसे अपनी ज़मीन नहीं छोड़नी चाहिए थी। इस घटना के बाद दादी ने सार्वजनिक जीवन से संन्यास ले लिया और चुपचाप अपने गाँव आकर गुमनामी में रहने लगीं।

अगर अफ़सोस और पछतावे न हों तो आदमी की ज़िंदगी बेनूर होती है। दादी ने इस पछतावे की कहानी को उस दिन कहा था, जब सब घरवाले लड़के के मुंबई भागने पर सवाल कर रहे थे। एक बड़ी डिग्री को छोड़कर कहानियों की एक अनिश्चित और हिलती-डुलती ज़िंदगी में वह जा रहा था। उस वक़्त दादी ने उससे कहा था, सब कुछ छोड़कर भाग जा। यह सोचकर मत भागना कि एक दिन लौटकर आएगा और ये लोग तुझे पलकों पर रख लेंगे। यह सोचकर भाग जा कि हो सकता है लौटकर न आ सके लेकिन अपने भागने को साबित कर सके कि तुम सही थे। तुम ख़ुद अग़र अपने सपने के पीछे नहीं भागोगे तो कोई दूसरा तो तुम्हारे लिए भागने से रहा। यह सोचकर भी मत भाग कि कामयाबी तुम्हारा अंतिम हासिल है। क्योंकि कामयाबी एक भ्रम है, लगातार अपने लक्ष्य की तरफ़ भागते रहना एक सच है।

दादी की कहानी को याद करते हुए लड़के की आँखों में चमक आ गई।

एक-एक अक्षर, हरेक शब्द, हरेक वाक्य उसके ज़ेहन में छपा हुआ था। वह नींद में भी यह कहानी किसी को भी सुना सकता था।

"यह कहानी मुझे दे दो।" लड़के की आँखों में चमक देखकर सुपरस्टार ने कहा।

"दादी कहती थीं, किसी ग़लत आदमी को सही कहानी नहीं देनी चाहिए और सही आदमी को ग़लत कहानी।" राइटर ने कहा।

"क्या तो मैं ग़लत आदमी हूँ?" सुपरस्टार को ग़ुस्सा आया।

"नहीं। आप आदमी सही हैं लेकिन यह कहानी ग़लत है। आपके लिए ग़लत।"

"मैं कुछ समझा नहीं।"

"यह दो बहनों की कहानी है।" राइटर ने कहा।

"तो इसे दो भाइयों की कहानी बना देते हैं।" सुपरस्टार भरोसे से बोला, "कितनी ही कहानियों को हम अपनी ज़रूरत के हिसाब से एडॉप्ट करते ही हैं।"

"तभी तो उन कहानियों में सच्चाई नहीं दिखती। तभी तो वे कहानियाँ झूठी लगती हैं।"

"तुम इंडस्ट्री का सेट-अप नहीं जानते। उसे समझो, वर्ना हमेशा भूखे रहोगे।" सुपरस्टार ने एक नर्म चेतावनी देकर राइटर को अपनी तरफ़ लाने की कोशिश की।

"मैं भूखा नहीं मर सकता। मेरे पास कहानियाँ हैं।"

"तुम्हारी बातें मेरी समझ में नहीं आतीं।" सुपरस्टार ने कहा।

"मैं इसे सिंपल करके बताता हूँ।" राइटर ने कहा।

राइटर ने अपनी दादी की आदत बतानी शुरू की। दादी को बुरा लगता था, जब वे कहते थे कि कहानी सुननी है। दादी कहती थी, यह कहानी नहीं, सोना है। जैसे बुरे-से-बुरे दिनों में पुरखे अपना सोना दबाकर रखते थे। उसे बेचकर अपनी तंगी के दिनों को सँवार लेते थे, उसी तरह कहानी कहकर आप कभी भी ज़िंदा रह सकते हैं।

जब दुनिया भूखी हो तो उसे रोटी की कहानी सुनाकर आप उम्मीद दे सकते हैं। जब दुनिया डूब रही हो, तो किनारे की कहानी सुनाकर उसे डूबने से

बचने का हौसला दे सकते हैं। जब दुनिया नफ़रत की कहानियाँ सुनकर एक-दूसरे को मार रही हो, तो ज़िंदगी और प्यार की कहानी सुनाकर आप उसके पागलपन को रोक सकते हैं।

दादी ने ख़ुद एक नफ़रत की कहानी बरसों अपने ज़ेहन में ढोई थी। जब वह प्यार में बदली तो उसके दिल से एक बहुत बड़ा बोझ उतर गया था। लड़के को दादी ने सिखाया था कि कहानियाँ सिर्फ़ कहानियाँ नहीं होतीं। कहानियों के रूप में प्रकृति ने हमें सबसे बड़ा ख़ज़ाना दिया है, इसलिए मेरी दादी हर कहानी को सोना कहती थीं। जब भी हम बच्चों को कहानी सुननी होती थी, हम दादी से कहते थे, हमें आज का 'सोना' चाहिए और दादी एक अशर्फ़ी की तरह एक कहानी उनके ज़ेहन में डाल देती थीं। लेखक मुग्ध होकर सुना रहा था कि जब भी हम रात को बिस्तर पर जाते थे तो दादी से कहते थे, दादी, हमको सोना चाहिए और दादी हमको कहानी सुनाना शुरू कर देती थीं। कहानी ख़त्म होते-होते दादी कहती थीं, "सोना हो गया, अब तुमको सोणा चाहिए।"

तब हम बच्चे सो जाते थे।

सुपरस्टार बोला, "अरे! ये सोना और सोणा का चक्कर भी होता है?"

"यही तो मैं कह रहा हूँ कि भाषा में भूगोल के साथ ध्वनि और उसके अर्थ भी बदल जाते हैं।"

"कैसे?"

"जैसे हमारे यहाँ ण, ळ की ध्वनियाँ होती हैं और उनसे शब्द बनते हैं, अर्थ बदलते हैं। जैसे सोना होगा स्वर्ण और सोणा होगा नींद लेना।" लेखक बताने लगा, "दादी कहती हैं, अगर भाषा को ढंग से न बोला जाए तो जान जा सकती है।"

फिर उसने एक और क़िस्सा सुनाया जो उसने अपनी दादी से सुना था।

एक बार किसी गाँव से एक आदमी परदेस कमाने के लिए गया। अँग्रेज़ी सीखकर गाँव लौट आया। अपनी भाषा का प्रयोग भूल गया। नई आबो-हवा से लौटकर आया था तो गाँव आते ही उसको उल्टी-दस्त हो गए। बिस्तर पर बेसुध पड़ा रहा। जब होश आता तो एक ही शब्द बोलता। वाटर, वाटर। पत्नी घबराई हुई थी, उसको लगा अब इतनी रात को वाटर कहाँ से लाए। सुबह जब डॉक्टर उस मरीज़ को देखने पहुँचा तब तक तो वह आदमी मर चुका था।

डॉक्टर ने पूछा, "हुआ क्या था?"

पत्नी बोली, "उल्टी और दस्त हुई थी। आधी रात को बिस्तर पर पड़ा वाटर माँग रहा था। मैं ग़रीब आधी रात को वाटर कहाँ से लाती?"

डॉक्टर बोला, "बावळी, ये पाणी माँग रहा था पाणी। पाणी को विलायती भाषा में वाटर कहते हैं। और यह देखो पूरा लोटा भर पाणी तुमने उसके सिरहाने रखा हुआ है। यही तो पिलाना था।"

सच जानकर पत्नी व्यथित हुई। उस पीड़ा में उसने यह काव्य कहा-

"देस गया परदेस गया, सीख आया कुबाणी

वाटर वाटर करके मरग्या, सिरहाणे था पाणी"

सुपरस्टार को मज़ा आने लगा कि यह तो एक अलग ही जादुई दुनिया है। वह तो इस बारे में कुछ जानता ही नहीं था। लेखक ने उसे कहा, हमारे यहाँ कहा जाता है कि दो कोस पर पाणी बदले, सात कोस पर वाणी।

सुपरस्टार की लेखक में दिलचस्पी बढ़ती गई। उसे लगा कि अब तक उसे अँधेरे में रखा गया था। वह पिज़्ज़ा, पाई, स्मैक, हशिश, हेरोइन, एलएसडी आदि सबके बारे में जानता है, लेकिन वह भाषा के बारे इतनी छोटी-सी चीज़ नहीं जानता, जिसकी कमाई वह खा रहा है। उसे बहुत अफ़सोस हुआ कि वह न्यूयार्क, वैंकुअर, मेलबर्न, लंदन, एलए, वेगस के बार, पब, जूआघर सबके बारे में जानता है। मगर वह अपने देश के बारे में नहीं जानता। जहाँ के लोगों के बीच वह जी रहा है।

लेखक ने उसे जब सच बताया तो उसका डर बढ़ गया। देश के कई छोटे शहरों में नाटक करने वाले लोअर मिडिल क्लास के एक्टर शहर में भर गए हैं। वे आपकी आँखों के सामने नाम कमा रहे हैं। दाम छाप रहे हैं। उनके पास यही तो एक जादू है कि वे हार्टलैंड में साँस लेते हैं, आपकी तरह इंग्लैंड में नहीं।

लेखक और सुपरस्टार में एक ज़बरदस्त जुड़ाव दिखने लगा था। सुपरस्टार लेखक के क़िस्सों पर मुग्ध था। सुपरस्टार ने कहा, "अब कहीं और जाने की ज़रूरत नहीं है। तुम्हारे सारे क़िस्से अब मेरे हुए।"

लेखक को लगा यही सही वक़्त है। इससे पहले कि सुपरस्टार कुछ ग़लत समझे और सारे क़िस्से दबा ले। उसे सच्चाई बता देनी चाहिए।

लेखक ने बेहिचक कहा, "लेकिन मेरी आज की कहानियों में आप फिट

नहीं होते हो। मेरी कहानियाँ उन्हीं लोगों की कहानियाँ हैं जो एक दिन सब कुछ छोड़-छाड़कर इस अनजान-सी दुनिया में अपना कोई नाम ढूँढ़ने के लिए घर से निकल पड़ते हैं। मेरी कहानियों के नायक यूपी, बिहार या राजस्थान के किसी गाँव से आते हैं। क़स्बे से आते हैं। आप मेरी कहानियों के नायक नहीं हो सकते।"

सुपरस्टार के चेहरे का रंग ग़ुस्से से लाल हो गया।

"तुम्हें पता भी है, तुम किसके सामने बैठे हो? मैं कौन हूँ?"

लेखक आत्मविश्वास में था। बोला, "आप एक साधारण आदमी थे, जिसे मेरे ही पुरखों की कुछ कहानियों ने मिलकर असाधारण बनाया।"

सुपरस्टार ज़ोर-ज़ोर से हँसने लगा।

उसका मुँह खुल गया। वह अट्टहास करके हँसने लगा। अचानक लेखक ने देखा कि उसके मुँह के भीतर यह शहर घूम रहा था। जिसकी तुलना सिर्फ़ महाभारत के उस प्रसंग से मुमकिन है जिसमें श्रीकृष्ण के मुँह में दुर्योधन को पूरा ब्रह्मांड घूमता हुआ दिख जाता है। शहर के सारे कॉफ़ी शॉप। फ़ाइव स्टार। वह सारे जवान लड़के-लड़कियाँ जो कंटेंट निकालने के लिए कॉफ़ी शॉप्स के कपों में सिर घुसाए हुए थे। जितने लोगों से वह शहर में मिल चुका था, वे सब लोग उसकी हँसी के दौरान खुले मुँह में नज़र आए। वह स्टूडियो की मालकिन और उसके सारे क्रिएटिव भी। सारे प्रीव्यू थिएटर, सारे निर्माता, सारी अभिनेत्रियाँ, सारी शराबें, सारा गाँजा, सारी स्मैक, सारे पाउडर। उसने देखा के. गोमा लड़की के साथ पटाया बीच पर आनंद कर रहा है और सुपरस्टार उसे देख रहा है। सब कुछ उसको वहाँ नज़र आया।

लेखक पहली बार इस शहर में थोड़ा डर गया। लेकिन उसी वक़्त उसकी उम्मीद और ख़ूँख़ार पंजे और दाँत निकालकर सामने खड़ी हो गई। उसको डाँटने लगी- 'अगर डर गए तो मैं तुम्हें समंदर में डुबाकर मार डालूँगी।'

लेखक फँस गया था। सामने सुपरस्टार था और दूसरी तरफ़ उम्मीद।

सुपरस्टार की हँसी थम गई थी।

उसने पूछा, "अब तुमने देख लिया कि मैं कौन हूँ? अब क्या कहते हो? तुम्हारी यह कहानी मैं के. गोमा के साथ बनाऊँगा।"

लड़के ने कहा, "आप कुछ भी करने में सक्षम हैं लेकिन मेरी सलाह है

आप ऐसा न करें।"

"मैं तुमसे पूछ नहीं रहा हूँ। बता रहा हूँ।" सुपरस्टार ने आत्मविश्वास से कहा। "मैं यह कहानी चुराऊँगा। और तुम्हें पता भी नहीं लगने दूँगा।"

"लेकिन कहानी तो मैंने आपको सुनाई ही नहीं, चुराएँगे कैसे?"

सुपरस्टार कुटिल मुस्कान के साथ बोला, "देखते जाओ।"

25

क्या कोई सुपरस्टार सीधे-सीधे किसी लेखक को उसकी कहानी चुराने की चुनौती दे सकता है?

क्योंकि सुपरस्टार इस शहर का सुपरपावर है। वह साधन संपन्न है। कुछ भी कर सकता है। उसने अपनी टीम को लड़के के बारे में सब कुछ जान लेने की ज़िम्मेदारी सौंप दी। जिस तरह से लड़का आत्मविश्वास के साथ उसकी आँखों में देख रहा था, वह उससे बर्दाश्त नहीं हुआ।

वह बेचैन हो गया। नींद नहीं आ रही थी। वह लेखक और उसकी बातों के बारे में सोचता रहा। वह जानता था कि यह कहानी उसे बचा सकती है लेकिन उसने हर कहानी के बारे में हर बार यही तो सोचा था। उसने हर तरह से कोशिश कर ली थी। वह इंडस्ट्री के हर कामयाब निर्देशक के साथ काम कर चुका था। लेकिन जब उसकी फ़िल्में गिर रही थीं तो उसने उस वक़्त हिट फ़िल्में देने वाले हर निर्देशक के साथ काम किया और उसकी फ़िल्में गिर गईं। क्या वह ख़ुद मनहूस है?

उसने कोकीन की पाँच लाइन खींच ली। यही वह क्षण था, जब सुपरस्टार को लगा कि उसने हमेशा दूसरों की कहानी पर भरोसा किया। इस बार वह ख़ुद कहानी कहेगा। वह भी तो लेखक हो सकता है। उस लेखक को भी कहानियाँ उसकी दादी ने दी है। वह लड़का तो ख़ुद ही मानता है कि किसी के पास पूरी कहानी नहीं होती। वह जानता था कि अधूरी कहानी उसे बूढ़ा लेखक बताकर गया है। बची हुई अधूरी कहानी को वह चुराकर अपनी कहानी पूरी कर लेगा और किसी को पता भी नहीं चलेगा कि कहानी चोरी कहाँ से की गई है।

"मुझे उसके बारे में सब कुछ जानना है?" सुपरस्टार ने अपने लोगों से कहा।

सुपरस्टार ने अपने पूरे स्टाफ़ को लगा दिया। तकनीक उनकी मुट्ठी में थी। उन्होंने लड़के के सारे अकाउंट खँगालने शुरू किए। वह ज़बरदस्त पढ़ाकू था। उसने दुनिया के इतिहास और राजनीति के बारे में बहुत कुछ पढ़ा है। उसने विज्ञान के बारे में बहुत कुछ पढ़ा है।

उन्होंने पाया कि वह आदमी के जानवर से आदमी और आदमी से फिर जानवर बनने की कहानी को जानता है। वह यह भी जानता है कि नदियों में कितने दिन का पीने का पानी बचा है। वह यह भी जानता है कि एक दिन कैसे समंदर इस ज़मीन पर लौट आएगा।

वह यह भी जानता है कि आदमी के बारे में झूठ कब बोला गया? कब उसे पकड़ा भी गया?

सुपरस्टार को सब कुछ बताया गया लेकिन इससे कहीं भी यह तय नहीं हो रहा था कि वे उसकी कहानी के बारे में जानते हैं। उन लोगों ने उसके दिमाग़ में घुसने की कोशिश की और पाया कि वे दिमाग़ की हर नस को, वह हलचल को देख पा रहे हैं लेकिन उसने कहानी कहाँ छुपा रखी है, यह नहीं मिल रहा है। असल में वह सोच क्या रहा है, वे लोग नहीं देख पा रहे थे।

उस वक़्त उन्हें लड़के की डायरी मिली।

उसने डायरी में लिखा था- 'हर लेखक का दिमाग़ फ़िंगरप्रिंट की तरह होता है। दुनिया में जितने लोग हैं, उतनी कहानियाँ हैं, किसी एक लेखक की कहानी दूसरे लेखक से नहीं मिल सकती। जैसे किसी एक आदमी का फ़िंगरप्रिंट किसी दूसरे से नहीं मिलता।'

सुपरस्टार ने कहा, "मैं यह नहीं मानता। उस जगह को ढूँढ़ो, हमको वहाँ पहुँचना है, जहाँ से यह ख़ुद अपनी कहानियाँ उठाकर लाया है।"

यह तो बहुत आसान था। गूगल मैप्स पर लेखक के गाँव का नक़्शा मिल गया था। उसके बैंक खाते में बहुत कम पैसा था। इतना कम कि वह मुंबई में इस महीने भी मुश्किल से गुज़ारा चला सकता था। यह लेखक होने की उसकी त्रासदी थी। सुपरस्टार ईगो वाले लेखक को बर्दाश्त नहीं कर सकता था। इसलिए उसकी सहानुभूति भी उसके साथ नहीं थी।

26

सुपरस्टार की इस यात्रा के बारे में किसी को भी नहीं पता था। उन्होंने उस लड़के के गाँव को ढूँढ़ लिया था, जहाँ वह पला-बढ़ा। वहाँ की पास-पड़ोस की दुनिया की दुनिया का पता चल गया था, जहाँ से वह अपनी कहानियाँ चुनता है। सुपरस्टार ने तय किया कि वह उसी ज़मीन पर जाएगा। वहाँ से सारी कहानियाँ उठाकर लाएगा।

उसके क़रीबी स्टाफ़ में भी यह नहीं बताया गया था कि वह कहाँ जा रहा है? उसने अपने लोगों को सख़्त हिदायत दी थी कि उसकी यह यात्रा एकदम गोपनीय होनी चाहिए। क्योंकि वह कहानी चुराने जा रहा है।

उसकी चार्टर्ड फ़्लाइट अगली सुबह के लिए तय हो गई। उसके जहाज़ के उड़ने संबंधी सारी ज़रूरी औपचारिकताएँ पूरी कर ली गई थीं।

(एयरपोर्ट पर त्यागी का नेटवर्क बहुत बड़ा था। यहीं से एटीसी के सोर्स ने त्यागी को यह ख़बर दी थी कि सुपरस्टार नॉर्थ के किसी छोटे से हवाई अड्डे की तरफ़ केवल अपने सेक्रेटरी के साथ अकेला उड़ रहा है। यहीं से त्यागी ने उसका पीछा शुरू कर दिया। वह बताए गए तय समय से पहले ही उस एयरपोर्ट पर पहली फ़्लाइट लेकर पहुँच गया था।)

उस गाँव के सबसे निकट का सेवन स्टार होटल कोई नब्बे किलोमीटर दूर था। वहाँ उसके रहने की व्यवस्था हुई। होटल वालों को सख़्त हिदायत थी कि उसकी इस निजी यात्रा के बारे में किसी को कुछ नहीं बताया जाए। उसने तय किया कि आज रात को वह अकेला ही दादी से कहानियों का सोना चुराकर ले

आएगा। अब उसके मन में एक आशंका हुई। अगर बुढ़िया ने उसे अपना यह ख़ज़ाना देने से इनकार कर दिया तो?

अपने सेक्रेट्री से बात करते हुए उसने प्लान-2 बनाया। उसने तय किया कि अगर यह बुढ़िया नहीं मानेगी तो इसे वह उठा लेगा। अपने साथ मुंबई ले जाएगा। उसे उसके घर के किसी कोने में क़ैद में रखा जाएगा। उसको खाना तभी मिलेगा जब रोज़ाना एक कहानी सुनाएगी।

शाम होते ही उसने अपनी लाइसेंसी रिवॉल्वर जेब में ठूँसी। उसका सेक्रेट्री ही उसकी गाड़ी चला रहा था। क़रीब सवा घंटे बाद वे गाँव में थे। सेक्रेट्री को गाँव से पहले ही खेत में गाड़ी तैयार रखने को कहा था कि ज्यों ही वह लौटकर आएगा। वे लोग सीधे एयरपोर्ट पहुँचेंगे और रातों-रात निकल लेंगे। सुपरस्टार अकेला ही निकल गया। (उसे यह एहसास ही नहीं था कि त्यागी का कैमरा उसका पीछा कर रहा है।)

अँधेरा था और सुपरस्टार, दादी के कमरे के पीछे छुपकर बैठ गया।

दादी के कमरे में हलचल थी। छह-सात बच्चे तल्लीन होकर कहानी सुन रहे थे। सुपरस्टार की मजबूरी थी कि इंतज़ार करता। वह देख रहा था, बच्चों के चेहरों पर एक मासूमियत थी। वह जानता था कि वे सब कहानियाँ लेकर ये बच्चे एक दिन बाज़ार में घूम रहे होंगे। इनके पास जितनी कहानियाँ होंगी, इंडस्ट्री के उतने बड़े हिस्से पर ये लोग क़ब्ज़ा करने की सोचेंगे। इन्हें यहीं पर रोकने के लिए ज़रूरी है कि वह कहानियों की पोटली को अपने क़ब्ज़े में कर लेगा। वह सारी कहानियाँ अपनी ही मुट्ठी में कर लेगा।

सपुरस्टार कहानी की ताक़त को जानता था। सुपरस्टार यह जानता था कि कहानी ने ही उसे यहाँ तक पहुँचाया है। वह जानता था कि आने वाले समय में वही सबसे ज़्यादा ताक़तवर होगा जिसके पास सबसे ज़्यादा कहानियाँ होंगी।

देखते-देखते बच्चे ऊँघने लगे। फिर नींद की गोद में चले गए। दादी की साँस से भी हल्के खर्राटे आने ही लगे थे।

सुपरस्टार ने दरवाज़े पर हल्का-सा धक्का दिया। दरवाज़ा खुल गया।

अंदर तो कुंडी भी नहीं लगी थी। उसे आश्चर्य हुआ कि मुंबई में वे लोग कहानी को कितने तालों के भीतर रखने की कोशिश करते हैं। रजिस्टर्ड करवाते हैं। एनडीए (नॉन डिस्क्लोज़र एग्रीमेंट) साइन करवाते हैं। सुनने और सुनाने

वालों को क़सम दिलाते हैं कि वह अपनी कहानी किसी और को सुनाएँगे नहीं। जबकि यहाँ तो बुढ़िया हर बच्चे को कहानी सुना रही है। अपना ख़ज़ाना लुटा रही है। सोते वक़्त सब अंदर से दरवाज़ा तक बंद नहीं कर रहे हैं। ये कैसे लोग हैं? इनके ख़ज़ाने को तो कोई भी चुरा सकता है।

तभी सुपरस्टार ने जाकर रिवॉल्वर निकाल ली।

कोकीन के नशे में सुपरस्टार को भाषा के बारे में लेखक की बताई कुछ हिदायतें याद रहीं, लेकिन वह 'न' और 'ण' का फ़र्क़ भूल गया।

"सोणा कहाँ है?" सुपरस्टार ने गरज कर कहा।

दादी को लगा उनका बेटा आज फिर शराब पीकर आ गया है।

दादी ने कहा, "जहाँ तुम्हारा रोज़ होता है, वहीं है।"

सुपरस्टार फिर गरजा, "मैं फिर पूछता हूँ सोणा कहाँ है?"

दादी नींद में थी, फिर भी उसने कहा, "कमरे में बहुत जगह पड़ी है, कहीं भी जाकर अपनी जगह देख लो और सो जाओ। मुझे नींद आ रही है, परेशान मत करो।"

सुपरस्टार का सब्र जवाब दे रहा था। वह चिल्लाया, "ओ बुढ़िया, मैं बहुत दूर से आया हूँ। आख़िरी बार पूछ रहा हूँ, सोणा कहाँ है?"

दादी अपने बग़ल में एक मुगदर रखती थी, जो कुत्ते-बिल्ली और घर के चौक में घुस आए जानवरों को भगाने के काम आता था। बार-बार नींद ख़राब हो रही थी। दादी को ग़ुस्सा आ गया। उसने मुगदर उठाया और डराने के लिए फटकारा। सुपरस्टार को इससे बचने का अभ्यास नहीं था। चोट सीधे उसके सिर में लगी। दादी ग़ुस्से में थी, बोली, "मरीलिए, सोणा है तो यहीं सो जा परेसान क्यों कर रिया है!"

दादी का इरादा नहीं था लेकिन चोट सिर में ऐसी जगह लग गई कि सुपरस्टार वहीं बेहोश हो गया।

उधर, सेक्रेट्री इंतज़ार करके ऊब चुका था। सुपरस्टार की कोई ख़बर नहीं थी। सुबह होने को थी और वह जानता था कि सुबह हो गई तो पूरी दुनिया को पता चल जाएगा कि हम लोग यहाँ क्यों आए थे?

वह सुपरस्टार की ख़बर लेने ढूँढ़ते हुए गाँव पहुँचा। उसके होश उड़ गए। लहूलुहान सुपरस्टार वहाँ पड़ा था।

जब वह कमरे में घुसा तो दादी एकदम ग़ुस्से में खड़ी थी।

सेक्रेट्री को देखकर वह ज़ोर से चिल्लाई, "तू कौण है बे?"

"हम दोनों साथ हैं। मुझे इनको ले जाणा है।"

दादी चुपचाप उसे घूरकर देखती रही। कुछ देर उसने सोचा। फिर ज़ोर से चिल्लाई, "चोर, चोर, चोर आए हैं गाँव में।"

देखते-ही-देखते वहाँ गाँव वाले इकट्ठा होना शुरू हो गए। बेहोश सुपरस्टार और सेक्रेट्री घिर गए थे। अब वे भाग नहीं सकते थे। ख़ून इतना बह गया था कि सुपरस्टार के बचने की उम्मीद बहुत कम थी। गाँव वालों ने कहा, वे उसके साथ आए आदमी को भी ज़िंदा नहीं छोड़ेंगे।

(यह क्षण त्यागी के कैमरे में क़ैद हो गया। वह बहुत डर गया। वह जानता था कि अगर किसी ने उसे देख लिया तो वे उसको भी बंधक बना लेंगे और उसकी बात पर यक़ीन नहीं करेंगे। वह तुरंत वहाँ से रवाना हो गया और इस दुविधा में पड़ गया कि वह कैसे इस ख़बर को बाहर लेकर आएगा कि सुपरस्टार कितनी मूर्खतापूर्ण मौत मारा गया है। वह चिल्ला-चिल्ला कर कहेगा तो भी लोग नहीं मानेंगे। उसे पता था कि सुपरस्टार के मरने की असली ख़बर दबा दी जाएगी।)

उपसंहार

यह पूरा टेक्स्ट आपके सामने आने से पहले त्यागी ने पूरा पढ़ा है। त्यागी ने मुझे बताया कि मैंने उसकी देखी गई घटना को काफ़ी-कुछ सही लिख दिया है। लेकिन मेरी चिंता यह थी कि सुपरस्टार की लाश कहाँ है? जिसके बारे में त्यागी ने मुझे बताया था।

"हमको उधर चलना चाहिए, उधर बहुत लफड़ा है।" त्यागी ने कहा।

"क्या लफड़ा है?" मैंने पूछा।

उसके बाद की कहानी और डरावनी थी। जैसे ही लड़के को पता चला कि सुपरस्टार दादी के हाथ से मारा गया है तो गाँव पहुँच गया। उसने लाश को अपने क़ब्ज़े में ले लिया और एक कमरे में ख़ुद को बंद कर लिया है। वह किसी को भी उसके पास आने नहीं दे रहा है। गाँव वालों को यह पता भी नहीं है कि जो मर गया है, वह है कौन?

"कैसे हो सकता है, सुपरस्टार को कौन नहीं जानता होगा?" मैंने कहा।

"यही तो बात है, इस गाँव के हर आदमी के पास अपनी कहानी है। उसे सुपरस्टार की कहानी में कोई दिलचस्पी नहीं।"

त्यागी ने मुझे और भी कुछ बताया, "वह पागल हो गया है सर। वह कह रहा है, मैं दादी पर इस हत्या का आरोप नहीं लगने दूँगा। दादी की ग़लती क्या है? यह महज़ एक हादसा है। कोई चोर घर में घुसेगा तो मार ही देंगे ना उसको!"

मैं जानता था कि मैं ग़लत हूँ लेकिन मैं थक चुका था और त्यागी से मुक्ति चाहता था।

"हम चलेंगे।" त्यागी ने कहा।

"कहाँ?"

"लड़के के पास, उसे समझाने।"

"देखो त्यागी, तुम्हारे कहने से मैंने यह कहानी कह दी। अब मैं हर बार अपने किरदारों को जाकर समझाने लगूँगा तो बाक़ी काम नहीं कर पाऊँगा।"

"लेकिन एक आदमी मर गया है। सच सामने आना चाहिए। वर्ना सब लोग इस मौत को दबा देंगे।"

"लोग भूख से मरते हैं। बीमारी से मरते हैं। आज़ादी की माँग करते हुए मरते हैं। किसी भी मौत का पूरा सच कभी सामने आता नहीं है त्यागी।"

लेकिन त्यागी की ज़िद के आगे मुझे झुकना पड़ा। हम लड़के के गाँव पहुँचे। वहाँ का नज़ारा बदला हुआ था। गाँव के बीच में बर्फ़ की सिल्ली पर सुपरस्टार लेटा था। एकदम शांत। उसका असिस्टेंट सिर झुकाए उसके बग़ल में शांत बैठा था। सुपरस्टार की पत्नी वहाँ पहुँच गई थी। उसकी आँखें नम थीं।

गाँव का हर आदमी बारी-बारी से आता था। एक कहानी सुनाता था और लौट जाता था। लड़के ने उन सबको यक़ीन दिलाया था कि हममें से किसी के पास कोई एक कहानी ज़रूर है, जिसे सुनकर सुपरस्टार ज़िंदा होगा। वह लौटकर आएगा।

मैंने त्यागी से कहा, "अब हमें घर चलना चाहिए। सुपरस्टार, लड़के और कहानी के बीच से हट जाना चाहिए।"

हम लोग टैक्सी में थे। वापस लौटते हुए रास्ते में मेरी और त्यागी की बातचीत हुई।

त्यागी- "सर, आपको क्या लगता है, ये लोग सुपरस्टार को ज़िंदा कर लेंगे?"

मैंने त्यागी से कहा, "हम सब कठपुतलियाँ हैं। याद है तुम्हें आनंद फ़िल्म का आख़िरी संवाद? जो आनंद अपने डॉक्टर दोस्त बाबू मोशाय के नाम

छोड़कर जाता है? लोग आते हैं, अपने हिस्से का काम करते हैं और चले जाते हैं।"

त्यागी मेरे उदास चेहरे को देखता रहा। थोड़ी देर चुप रहकर बोला, "मुझे तो लगता है, सारी कहानियाँ लिख दी गई हैं। हम बस किरदार हैं।"

मैंने कहा, "त्यागी, तुम अब लेखक बनने की कोशिश कर रहे हो।"

त्यागी हँसने लगा। बोला, "ना सर, मुझे पता है, मैं लेखक बनने की कोशिश करूँगा तो मेरा हश्र क्या होगा?"

उसी वक़्त त्यागी का फ़ोन बजा। मैं उसका चेहरा देख रहा था। धीरे-धीरे उसके चेहरे के रंग बदलने लगे। मैंने उसे देखा और एक आशंका दिमाग़ में आई।

त्यागी बोला, "सर, के. गोमा को लेकर बड़ी ख़बर है। अन्बिलिवेबल!"

मैंने कहा, "ना त्यागी। अब एक भी लाइन आगे नहीं। मैं अब नई कहानी में नहीं घुसना चाहता।"

और त्यागी माना नहीं। उसने टैक्सी ड्राइवर को सुनाने से बचाने के लिए मेरे कान में धीरे से जब कहा तो मेरे पैरों तले से ज़मीन खिसक गई।

लेकिन वह कहानी फ़िलहाल मैं नहीं कहूँगा। वह कहानी फिर कभी अगली किताब में। फ़िलहाल यह दुआ करें कि कोई कहानी सुनकर सुपरस्टार लौटकर आए।

गुड बाय! मेरे प्रिय पाठको!